配送管理实务

PEISONG GUANLI SHIWU

主　编　王　柳　宋　林
副主编　徐伯秋　何晓存
　　　　江　丽　杨珺雯

苏州大学出版社
Soochow University Press

图书在版编目（CIP）数据

配送管理实务/王柳，宋林主编.—苏州：苏州大学出版社，2024.2
ISBN 978-7-5672-4742-0

Ⅰ.①配… Ⅱ.①王… ②宋… Ⅲ.①物流管理-物资配送 Ⅳ.①F252.14

中国国家版本馆CIP数据核字（2024）第035329号

配送管理实务
王　柳　宋　林　主编
责任编辑　施小占

苏州大学出版社出版发行
（地址：苏州市十梓街1号　邮编：215006）
镇江文苑制版印刷有限责任公司印装
（地址：镇江市黄山南路18号润州花园6-1号　邮编：212000）

开本 787 mm×1 092 mm　1/16　印张 15.25　字数 319 千
2024年2月第1版　2024年2月第1次印刷
ISBN 978-7-5672-4742-0　定价：48.00元

图书若有印装错误，本社负责调换
苏州大学出版社营销部　电话：0512-67481020
苏州大学出版社网址　http://www.sudapress.com
苏州大学出版社邮箱　sdcbs@suda.edu.cn

本教材依据《国家职业教育改革实施方案》要求,按照"以职业技能培养为重点,进行基于工作过程的课程开发与设计"的职业教育理念进行设计。具体来说,就是以现代配送中心为载体,以承担真实项目任务为驱动,以仓配作业流程为导向,以配送中心岗位能力要求为依据,将生产真实任务转化为教学任务,推动基础知识层面、技能应用层面、管理发展层面相结合。

本教材将典型业务过程进行归纳并做整体设计,通过解构岗位业务,重构学习任务,设置了"配送及配送中心认知""订单作业""入库作业""在库作业""配货作业""出库作业""送货作业""配送绩效管理"8个项目。

本教材编写采用理论与实践相结合的方式,注重实践性、应用性和适用性,理论阐述简明扼要,实际操作清晰明了。其特点突出表现为以下几点:

(1)思政引领。本教材贯彻落实立德树人的根本任务,挖掘课程背景下的思政元素,将价值引领与专业教学相融合,引导学生践行社会主义核心价值观,形成思政目标—思政园地—思政考核的系统思政观,发挥专业课程的思政教育功能。

(2)实践。本教材以真实企业的工作项目为导向来设计内容,按仓储与配送作业一体化过程来确定各项目内容,符合企业实际运作过程;同时各项目拓展提升内容兼顾不同企业类型,能够全面提升学生的职业技能。

(3)案例典型。本教材使用了知名物流企业、配送中心的案例资料作为任务引领,这些典型案例的使用有利于学生理解和消化课程知识,提高实践技能。

本教材可作为高职高专物流类专业学生的教学用书,也可作为仓储、配送等岗位的社会培训用书。

本教材由王柳、宋林担任主编,负责教材框架结构的设计和统稿,徐伯秋、何晓存、江丽、杨珺雯参与了编写工作。在本教材的编写过程中,编者参考了大量的文献,在此对相关作者表示真诚的感谢,并对支持和帮助本教材编写的有关单位、企业和专家,一并深表谢忱。尽管编者付出了很大的努力,但教材中难免存在疏漏之处,恳请广大读者批评指正。

编　者

CONTENTS 目录

项目一 配送及配送中心认知	1
任务一　认识配送	2
任务二　感知配送中心	8
学习评价	13
项目检测	15
项目二 订单作业	17
任务一　订单作业流程	18
任务二　订单作业管理	28
学习评价	42
项目检测	43
项目三 入库作业	45
任务一　入库准备	46
任务二　入库接货	56
任务三　入库验收	60
任务四　入库上架	64
学习评价	74
项目检测	75
项目四 在库作业	77
任务一　库存管理	78
任务二　商品养护	92
任务三　在库盘点	100
任务四　仓储安全	110
学习评价	124
项目检测	125

项目五　配货作业　129
　　任务一　分拣作业　130
　　任务二　补货作业　143
　　任务三　流通加工作业　149
　　学习评价　157
　　项目检测　159

项目六　出库作业　163
　　任务一　出库操作　164
　　任务二　退货处理作业　174
　　学习评价　183
　　项目检测　185

项目七　送货作业　187
　　任务一　车辆调度　188
　　任务二　配送线路优化　194
　　任务三　车辆配载　202
　　学习评价　211
　　项目检测　213

项目八　配送绩效管理　215
　　任务一　配送绩效评价　216
　　任务二　配送绩效评价指标体系　221
　　学习评价　227
　　项目检测　229

参考文献　231

附录　各项目检测参考答案　233

项目一

配送及配送中心认知

项目提要

本项目旨在让学生对配送的基础知识有一个概要的认识,重点是认识各类配送中心。其中,任务一主要是认识配送的具体内涵;任务二主要是了解和分析各种配送中心。学生通过学习上述内容,可以对配送和配送中心有一个整体认识,并为后续任务的学习打下基础。

知识结构图

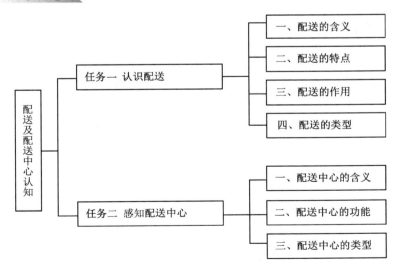

认识配送

学习任务

任务名称	认识配送	班级		完成时间	
学习目标	1. 知识目标：掌握配送的含义、特点和作用；了解配送的类型。 2. 能力目标：能根据实际情况确定配送类型；能运用配送理论知识对相关案例进行分析。 3. 素质目标：培养认真细致的做事态度；养成勤于思考、善于分析的学习习惯。				
任务发布	1. 什么是配送？配送的特点有哪些？配送的作用是什么？ 2. 配送的分类有哪些标准？不同的配送类型有什么特点？				
任务实施	1. 在教师指导下学习相关知识。 2. 以小组为单位完成调查任务，进行相关分析。 3. 各组员交流调查成果，整合有关知识。				
组员及分工情况	小组名称			组长	
	组　员				
	任务分工				

在ABC物流公司仓储保管员岗位轮岗的小陈发现，公司每天都有很多给货物分装、贴标签的工作。小陈对这些工作比较感兴趣。师傅告诉小陈，这些都是与配送有关的工作，并让小陈主动学习与配送有关的内容，以便为后续工作打下基础。

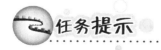

要对配送有个基本的认识，可以从以下几个方面考虑：
（1）配送的含义。

（2）配送的特点。
（3）配送的作用。
（4）配送的类型。

配送是物流中一种特殊的、综合的活动形式，是商流与物流的紧密结合。

配送包含了物流中若干功能要素，是物流的一个缩影；在某个小范围中，甚至是物流全部活动的体现。一般的配送集装卸、包装、保管、运输于一身，通过这一系列活动来达到将货物送达的目的。特殊的配送则还要以加工活动为支撑，所以包括的方面更广。但是，配送的主体活动与一般物流有所不同，一般物流主要是运输及保管，而配送主要是运输及分拣配货。分拣配货是配送的独特要求；以送货为目的的运输则是最后实现配送的主要手段，从这一主要手段出发，常常将配送简化地看成运输的一种。

从商流来讲，配送和物流的不同之处在于，物流是商、物分离的产物，而配送是商、物合一的产物，配送本身就是一种商业形式。虽然在具体实施配送时，也有是以商、物分离形式实现的，但从配送的发展趋势看，商流与物流越来越紧密的结合，是配送成功的重要保障。

一、配送的含义

配送是有千年历史的送货形式在现代经济社会中的发展、延伸和创新。特别需要指出的是，不能用传统的送货来理解现代的配送，虽然两者之间有历史的渊源。

《物流术语》（GB/T 18354—2021）对配送的定义是：根据客户要求，对物品进行分类、拣选、集货、包装、组配等作业，并按时送达指定地点的物流活动。

关于配送，应当掌握以下几个要点。

1. 配送的资源配置作用

配送是"最终配置"，因而是接近顾客的配置。对于现代企业而言，"接近顾客"是至关重要的，而尽可能接近顾客是企业经营战略取得成功的最重要的因素。

2. 配送的实质是送货

配送的主要经济活动，尤其是接近顾客的经济活动是送货。

3. 配送是现代送货

"现代"两个字表述了配送和旧式送货的区别。其区别主要在于：① 旧式送货可以是一种偶然行为，而配送是一种体制行为，是市场经济发展的结果；

②旧式送货是完全被动的服务行为，而配送是有一定组织形式的计划行为；③配送依靠现代生产力，依靠科技进步支撑。

4. 配送是"配"和"送"有机结合的形式

配送利用有效的分拣、配货等理货工作，使送货达到一定的规模，以利用规模优势取得较低的送货成本。如果不进行分拣、配货，而是有一件运一件、有一点送一点，就会大大增加活劳动和物化劳动的消耗，使送货并不优于取货。所以，想要追求整个配送的优势，分拣、配货等各项工作是必不可少的。

5. 配送是市场经济的产物

配送是在市场经济条件下、在供大于求的买方市场环境中产生的。在买方市场环境中，用户具有选择权，而卖方需要通过有效的服务来销出自己的产品，占有市场份额，这就形成了有供给者和需求者的理想市场环境，使配送得以发展。

6. 配送以客户要求为出发点

配送是从客户利益出发、按客户要求进行的一种活动，在观念上必须明确"客户第一""质量第一"。因此，配送企业的地位是服务地位而不是主导地位，应从客户利益出发，在维护客户利益的基础上取得本企业的利益。更重要的是，不能利用配送损害或控制客户，不能将配送作为部门分割、行业分割、市场分割的手段。

7. 配送是按时送达指定地点的物流活动

过分强调"按客户要求"是不妥的，由于客户本身的局限，其要求有时候存在不合理性，在这种情况下会损害自我或双方的利益。对于配送而言，在满足客户要求，按时送达指定地点的同时，应当在时间、速度、服务水平、成本、数量等多方面寻求最优，使双方共同受益，即达到"双赢"的目的。

二、配送的特点

（一）配送是一种特殊的送货形式

在配送业务中，除了送货外，还包括拣选、加工、包装、分割、组配等工作，因此配送是从物流据点到客户之间的一种特殊的送货形式。配送的特殊性表现为配送的主体是专门经营物流的企业，而不是生产企业；配送的形式是中转送货，而不是直接送货；配送是客户需要什么送什么，而不是有什么送什么、生产什么送什么。

（二）配送是一种综合服务

配送是许多业务活动有机结合的整体，为客户提供综合服务，集分货、配货、送货等功能于一体，同时还需要强大的信息系统支持，使其成为一种现代化的作业系统，从而适应发达的商品经济和现代化管理水平的需要，这也是传统的送货形式无法比拟的。

（三）配送的全过程要有现代化技术和装备的支持

在配送过程中，由于大量采用先进的信息技术和各种现代化设备，整个配送作业像工业生产中广泛应用的流水线，实现了流通工作的工厂化，从而大大提高了商品流转的速度。可以说，配送不仅是市场经济的产物，还是科学技术进步的产物。

（四）配送是一种专业化的流通分工方式

传统的送货只是推销的一种手段，目的仅仅在于多销售一些商品；配送则是一种专业化的流通分工方式，是大生产、专业化分工在流通领域的体现。因此，如果说传统的送货是一种服务方式，配送则是一种物流体制形式。配送可以根据客户的订货要求，准确、及时地为客户提供物资保证，在提高服务质量的同时，还可以通过专业化的规模经营降低成本。

三、配送的作用

（一）有利于物流运动实现合理化

配送不仅能促进物流的专业化、社会化发展，还能以其特有的运动形态和优势调整流通结构，促使物流活动向规模经济发展。从组织形态上看，它是以集中的、完善的送货取代分散的、单一的取货。从资源配置上看，它是以专业组织的集中库存代替社会上的零散库存，衔接了供需关系，打破了流通分割和封锁的格局，很好地满足了社会化大生产的发展需要，有利于物流运动实现社会化和合理化。

（二）完善运输和整个物流系统

配送环节处于支线运输，灵活性、适应性、服务性都比较强，能将支线运输与小搬运统一起来，使运输过程得以优化和完善。

（三）提高末端物流的经济效益

配送采用将各种商品配齐并集中起来向用户发货和将多个用户小批量商品集中在一起进行发货等方式，提高了末端物流的经济效益。

（四）使企业实现低库存或零库存

实现了高水平配送之后，尤其是采用准时制配送方式之后，生产企业可以完全依靠配送中心的配送而不需要自己设置高水平的库存；或者生产企业只需保持少量保险储备而不必留有经常储备，这就可以实现生产企业所追求的零库存，将生产企业从库存的包袱中解脱出来。

（五）简化事务，方便客户

采用配送方式，客户只需要向配送中心一处订购就能达到向多处采购的目的，只需要组织对一个配送单位的接货便可替代原来的高频率接货，从而大大减轻了客户的工作量和负担，也节省了多次订货、接货的费用开支。

（六）提高供应保证程度

如果生产企业自己保持库存，维持生产，则受库存费用的制约，其供应保证程度很难提高。而采用配送方式，配送中心可以比任何企业的储备量更大，因而对于每个企业而言，中断供应、影响生产的风险便相对减小，使客户免去库存短缺之忧。

四、配送的类型

为了满足不同产品、不同企业、不同流通环境的要求，在经过较长一段时间的发展后，国内外创造出多种配送方式。这些配送方式有各自的优势，但同时也存在一定的局限性，如表1-1所示。

表 1-1 配送的类型

分类标准	类型	含义
按配送组织者的不同分类	商店配送	这种配送方式的组织者是商店的门市网点。这些网点主要负责商品的零售业务，一般来说规模不大，但经营品种比较齐全。除了日常经营的零售业务外，这种配送方式还可根据客户的要求，将商店经营的品种配齐，或代客户外订外购一部分本商店平时不经营的商品，与商店经营的品种一起配齐运送给客户
	配送中心配送	这种配送方式的组织者是规模比较大的专职配送中心。其中，有的配送中心由于需要储存各种商品，储存量比较大；有的配送中心专职组织配送，储存量较小，主要靠附近的仓库来补充货源。由于配送中心专业性比较强，与客户之间存在固定的配送关系，因此一般情况下配送中心都实行计划配送，对需要配送的商品保有一定的库存量，但是一般很少超越自己的经营范围
	仓库配送	这种配送方式是以一般仓库为据点进行配送。它可以把仓库完全改造成配送中心，也可以在保持仓库原功能的前提下，以仓库原功能为主，再增加一部分配送职能。由于不是专门按配送中心要求设计和建立，所以配送规模较小，配送的专业化较差；但由于可以利用原仓库的储备设施及能力、收发货场地、交通运输线路等，所以是开展中等规模的配送可选择的配送方式，也是较为容易利用现有条件而不需要大量投资且见效较快的配送方式
	生产企业配送	这种配送方式的组织者是生产企业，尤其是进行多品种生产的生产企业。这种配送方式是直接由生产企业进行配送而无须将产品发运到配送中心进行中心配送。生产企业配送由于避免了一次物流中转，所以有一定优势。但是，生产企业尤其是现代生产企业，往往是进行大批量、低成本生产，品种较为单一，因而不能像配送中心那样依靠产品凑整运输来取得优势
按配送商品种类及数量的不同分类	单（少）品种、大批量配送	这种配送方式是指对于工业企业需要量较大的商品，由于单独一个品种或几个品种就可以达到较大输送量，可以实行整车运输，因此可以由专业性很强的配送中心实行配送，往往不需要再与其他商品进行搭配。采用这种配送方式，由于配送中心的内部设置、组织、计划等工作较为简单，因此配送成本较低。但是，如果可以将这些商品从生产企业直接运抵客户，同时又不至于使客户库存效益下降，采用直送方式往往效果更好一些

续表

分类标准	类型	含义
按配送商品种类及数量的不同分类	多品种、小批量配送	这种配送方式是根据客户的要求，将所需要的各种商品（每种商品的需要量不大）配备齐全，凑整装车后由配送据点送达客户。在这种配送方式下，配送作业水平高，配送中心设备复杂，配货送货计划难度大，因此需要有高水平的组织工作来保证和配合。在实际中，多品种、小批量配送往往伴随多用户、多批次的特点，配送频度往往较高。配送的特殊作用主要反映在多品种、小批量的配送中。因此，这种配送方式是所有配送方式中一种高水平、高技术的方式。这种配送方式也恰好与现代社会中的"消费多样化""需求多样化"等新观念相符，因此它是许多发达国家推崇的方式
	配套成套配送	这种配送方式是指根据企业尤其是装备型企业的生产需要，把生产每一台件所需要的全部零部件配齐，按照生产节奏定时送达生产企业，生产企业随即可将成套零部件送入生产线以装配产品。在这种配送方式下，配送企业承担了生产企业大部分的供应工作，使生产企业可以专注于生产，它的效果与多品种、小批量配送相同
按配送时间及数量的不同分类	定时配送	这种配送方式是指按照规定的时间间隔进行配送，比如数天或数小时等；每次配送的品种及数量可以根据计划执行，也可以在配送之前以商定的联络方式（比如电话、计算机终端输入等）通知配送的品种及数量
	定量配送	这种配送方式是指按照规定的批量，在一个指定的时间范围内进行配送。这种配送方式数量固定，备货工作较为简单，可以根据托盘、集装箱及车辆的装载能力规定配送的定量，能够有效利用托盘、集装箱等集装方式，也可做到整车配送，配送效率较高
	定时、定量配送	这种配送方式是指按照规定的配送时间和配送数量进行配送。这种配送方式兼有定时、定量两种方式的优点，但是其特殊性强、计划执行难度大，因此适合的对象不多，不是一种普遍的方式
	定时、定路线配送	这种配送方式是指在规定的运行路线上，制定到达时间表，按照时间表进行配送。在这种配送方式下，客户可以按规定的路线及规定的时间接货并提出配送要求
	即时配送	这种配送方式是指完全按照客户突然提出的时间、数量方面的配送要求，即时进行配送。这是有很强灵活性的一种应急方式，采用这种方式配送的品种可以实现保险储备的零库存，即用即时配送代替保险储备
按加工程度的不同分类	加工配送	这种配送方式是指与流通加工相结合的配送，即在配送据点中设置流通加工环节，或流通加工中心与配送中心建在一起。如果社会上现成的产品不能满足客户需要，或客户根据本身的工艺要求，需要使用经过某种初加工的产品，可以先加工产品后进行分拣、配货再送货到户
	集疏配送	这种配送方式是指只改变产品数量组成形态而不改变产品本身的物理、化学形态的，与干线运输相配合的一种配送，比如大批量进货后小批量、多批次发货，零星集货后以一定批量送货，等等

续表

分类标准	类型	含义
按经营形式的不同分类	销售配送	这种配送方式是指配送企业是销售性企业，或者是指销售企业将其作为销售战略中的一环所进行的促销型配送。一般来讲，这种配送的配送对象是不固定的，客户也往往是不固定的，配送对象和客户往往是根据对市场的占有情况而定，其配送的经营状况也取决于市场状况，因此这种形式的配送随机性较强，而计划性较差。各种类型的商店配送一般多属于销售配送
	供应配送	这种配送方式是指客户为了自己的供应需要所采用的配送方式。在这种配送方式下，一般来讲是由客户或客户集团组建配送据点，集中组织大批量进货（以便取得批量折扣），然后向本企业配送或向本企业集团下的若干企业配送。在大型企业或企业集团或联合公司中，常常采用这种配送方式组织对本企业的供应，如商业中广泛采用的连锁商店就常常采用这种配送方式
	销售、供应一体化配送	对于基本固定的客户和基本确定的配送产品，销售企业可以在自己销售的同时，增加用户有计划供应者的职能，即销售企业既是销售者，同时又成为客户的供应代理人。这种配送方式是配送经营中的重要形式，有利于形成稳定的供需关系，有利于采取先进的计划手段和技术手段，有利于保持流通渠道的畅通稳定
	代存、代供配送	这种配送方式是指客户将属于自己的商品委托配送企业代存、代供，有时还委托代订，然后组织对本身的配送。这种配送在实施时不发生商品所有权的转移，配送企业只是客户的委托代理人。商品所有权在配送前后都属于客户，所发生的仅是商品物理位置的转移。配送企业仅从代存、代供中获取收益，但不能获得商品销售的经营性收益。在这种配送方式下，商、物是分流的

任务二 感知配送中心

学习任务

任务名称	感知配送中心	班级		完成时间	
学习目标	1. 知识目标：掌握配送中心的含义；熟悉配送中心的功能。 2. 能力目标：能判断配送中心的类型并分析每种配送中心的要点；能运用相关的理论知识进行相关案例的分析。 3. 素质目标：养成勤于思考、善于分析的学习习惯。				
任务发布	1. 查找资料，搜集典型的配送中心的资料或图片。 2. 配送中心的概念是什么？有哪些功能？ 3. 配送中心的类型有哪些？				

项目一
配送及配送中心认知

任务实施	1. 在教师指导下学习相关知识。 2. 运用所学知识进行案例分析。 3. 各组员交流学习成果，整合知识。			
组员及分工情况	小组名称		组长	
	组　　员			
	任务分工			

任务情境

在仓储保管员岗位工作了一段时间后，小陈轮岗到了 ABC 物流公司的配送中心。在这里每天的工作更加繁忙，小陈感到配送中心和仓库在业务上有很大不同，为了更快地适应工作，他需要对配送中心有个全面的认识。

任务提示

要对配送中心有个全面的认识，可以从以下几个方面考虑：
（1）配送中心的含义。
（2）配送中心的功能。
（3）配送中心的类型。

任务实施

一、配送中心的含义

配送中心是以组织配送性销售或供应，执行实物配送为主要职能的流通型节点。在配送中心，为了能做好送货的编组准备，必须落实好零星集货、批量进货等各种资源搜集工作和对货物的分整、配备等工作，因此它也具有集货中心、分货中心的职能。为了实现更有效、更高水平的配送，配送中心往往还要有比较强的流通加工能力。此外，配送中心还必须担负货物配备后送达到户的使命，这是和分货中心只管分货不管运达的主要不同之处。由此可见，如果说集货中心、分货中心、加工中心的功能还较为单一，那么配送中心的功能则较为全面、完整；也可以说，配送中心实际上是集货中心、分货中心、加工中心功能之综合，并实现了更高水平的配与送。

可见，配送中心的建设是基于物流合理化和发展市场两个需要的。《物流术

语》（GB/T 18354—2021）中关于配送中心的定义是：具有完善的配送基础设施和信息网络，可便捷地连接对外交通运输网络，并向末端客户提供短距离、小批量、多批次配送服务的专业化配送场所。

二、配送中心的功能

（一）采购功能

配送中心必须首先采购所要供应的货物，才能及时、准确无误地为其客户（生产企业或商业企业）供应货物。配送中心应根据市场的供求变化情况，制订并及时调整统一的、周全的采购计划，并由专门的人员与部门组织实施。

（二）存储功能

配送中心的服务对象是为数众多的生产企业和商业网点（比如连锁店和超级市场），因此配送中心需要按照客户的要求及时将各种配装好的货物送交到客户手中，以满足其生产和消费需要。为了顺利有序地完成向客户配送货物的任务，更好地发挥保障生产和消费需要的作用，配送中心通常要兴建现代化的仓库并配备一定数量的仓储设备，存储一定数量的货物。某些区域性的大型配送中心和开展"代理交货"配送业务的配送中心存储的货物数量大、品种多。

（三）组配功能

由于不同客户对货物的品种、规格、型号、数量、质量、送达时间和地点等的要求不同，配送中心必须按客户的要求对货物进行分拣和组配。配送中心的这一功能是其与传统仓储企业的明显区别之一，这也是配送中心最重要的特征之一。

（四）分拣功能

在订货或进货时，不同的客户对于货物的种类、规格、数量会提出不同的要求。针对这种情况，为了有效地进行配送，即为了同时向不同的客户配送多种货物，配送中心必须采用适当的方式对组织进来的货物进行拣选，并在此基础上按配送计划分装和配装货物。

（五）分装功能

从配送中心的角度来看，它往往希望采用大批量的进货来降低进货价格和进货费用。但是，客户为了降低库存、加快资金周转、减少资金占用，往往会采用小批量进货的方法。为了满足客户的小批量、多批次进货要求，配送中心就必须对货物进行分装。

（六）集散功能

在流通实践中，配送中心凭借其特殊地位及拥有的各种先进设施和设备，能够将分散在各个生产企业的货物集中到一起，然后经过分拣、配装向多个客户发运。与此同时，配送中心也可以做到把各个客户所需要的多种货物有效地组合（或配装）在一起，形成经济、合理的货载批量。配送中心在流通实践中所表现出来的这种功能即（货物）集散功能，也有人把它称为配货、分散功能。

集散功能是配送中心所具备的一项基本功能。实践证明，利用配送中心来集散货物，可以提高运输工具的满载率，由此可以降低物流成本。

（七）加工功能

为了扩大经营范围和提高配送水平，许多配送中心都配备了各种加工设备，由此形成了一定的加工（系初加工）能力。这些配送中心能够按照客户提出的要求和根据合理配送货物的原则，将组织进来的货物加工成一定的规格、尺寸和形状。这种加工功能是现代配送中心服务职能的具体体现。

加工货物是一些配送中心的重要活动。配送中心具备加工功能，积极开展加工业务，既方便了客户，又省却了烦琐的劳动，还有利于提高物质资源的利用率和配送效率。此外，对于配送活动本身来说，加工功能客观上起着强化其整体功能的作用。

三、配送中心的类型

为了深化及细化对配送中心的认识，就要对配送中心的类型做出适当的划分，如表1-2所示。

配送中心的类型

表1-2 配送中心的类型

分类标准	类型	含义
按配送中心的内部特性分类	储存型配送中心	储存型配送中心是指有很强储存功能的配送中心。这类配送中心主要是为确保客户和下游配送中心的货源而设
	流通型配送中心	流通型配送中心是指基本上没有长期储存功能，仅以暂存或随进随出方式进行配货、送货的配送中心。这种配送中心的典型作业方式是，大量货物整进并按一定批量零出，采用大型分货机，进货时直接进入分货机传送带，分到各客户货位或直接分送到配送汽车上，货物在配送中心仅做少许停滞
	加工型配送中心	加工型配送中心以加工产品为主，因此在其配送作业流程中，储存作业和加工作业居主导地位
按配送中心承担的流通职能分类	供应配送中心	供应配送中心是指专门为某个或某些客户（如联营商店、联合公司）组织供应的配送中心
	销售配送中心	销售配送中心是指以销售经营为目的、以配送为手段的配送中心
按配送领域的广泛程度分类	城市配送中心	城市配送中心是指以城市范围为配送区域的配送中心。这种配送中心可直接配送到最终客户，且采用汽车进行配送，所以往往和零售经营相结合

续表

分类标准	类型	含义
按配送领域的广泛程度分类	区域配送中心	区域配送中心是指以较强的辐射能力和库存准备，向省级、全国乃至国际范围的客户配送的配送中心
按配送中心的专业化情况分类	专业配送中心	专业配送中心大体上有两层含义：一是配送对象、配送技术属于某一专业范畴，这一专业范畴有一定的综合性；二是以配送为专业化职能，基本不从事经营的服务型配送中心
	柔性配送中心	这种配送中心不向固定化、专业化方向发展，而是强调市场适应性。它能根据市场和客户的需求变化而随时变化，对客户的要求有很强的适应性
	特殊配送中心	特殊配送中心是指某类配送中心进行配送作业时所经过的程序是特殊的，包括不设储存库（或储存工序）的配送中心和分货型配送中心

学习评价

评价点	分值	个人自评（占30%）	小组评价（占30%）	教师评价（占40%）	得分	总分
对配送基础知识的认知情况	30					
对配送中心的理解情况	30					
相关调查和分析的参与情况	20					
团队合作情况	10					
学习中的态度和表现	10					

项目检测

一、单选题

1. 下列有关配送的理解，正确的是（　　）。
   A. 配送实质上就是送货，和一般送货没有区别
   B. 配送要完全遵守"按客户要求"，只有这样才能做到配送的合理化
   C. 配送是物流中一种特殊的、综合的活动形式，与商流是没有关系的
   D. 配送是"配"和"送"的有机结合，为追求整个配送的优势，分拣、配货等工作是必不可少的

2. 按商品的种类和数量配送的方法是（　　）。
   A. 企业对企业的配送　　　　　B. 少品种或单品种、大批量配送
   C. 连锁配送　　　　　　　　　D. 定时、定路线配送

3. 配送是物流系统的（　　）环节。
   A. 起始　　　　B. 中间　　　　C. 终端　　　　D. 以上皆不是

4. 配送是物流活动的一种综合形式，是"配"与"送"的有机结合，可为客户提供（　　）。
   A. 联合运输服务　　　　　　　B. 装卸搬运服务
   C. 门到门服务　　　　　　　　D. 专业运输服务

5. 具有运距短和反应速度快的特点，能从事多品种、小批量、多客户配送的配送中心是（　　）。
   A. 共同配送中心　　　　　　　B. 零售供货配送中心
   C. 专业配送中心　　　　　　　D. 区域性配送中心

6. （　　）配送中心，其功能以储存为主，以尽可能降低其服务对象的库存为主要目标，须具有较强的库存调节能力，因此在建设中应规划较大规模的仓储空间和设施。
   A. 储存型　　　B. 流通型　　　C. 加工型　　　D. 专业型

二、多选题

对于配送中心应基本符合的要求，下列说法正确的有（　　）。
   A. 主要为特定的客户服务，配送功能健全
   B. 完善的信息网络，辐射范围大
   C. 多品种、小批量
   D. 以配送为主，以储存为辅

三、判断题

1. 如今的物流中心、配送中心可以认为是仓储发展的必然结果。（　　）
2. 配送是物流的一个缩影或在特定范围内物流全部活动的体现。（　　）
3. 配送是以组织配送性销售或供应，执行实物配送为主要职能的流通型物流节点。（　　）

4. 完全按客户要求的配送时间、配送数量,随时进行配送,就是即时配送。
(　　)

5. 配送是为实现物流目的而进行的有计划和有控制的送货。　(　　)

6. 配送是物流中一种特殊的、综合的活动形式,是商流与物流的紧密结合,包含了商流活动和物流活动,也包含了物流中若干功能要素。(　　)

7. 配送中心的主要功能分为采购功能、储存功能、分拣功能及分装功能。
(　　)

8. 配送中心是指为了实现物流系统化、效率化,专门从事商业配送业务的物流基地,也称为物流中心、流通中心、集配中心等。(　　)

9. 配送中心是连接生产与消费的纽带,是利用场所与时间创造效益的机构。
(　　)

10. 第三方的专业配送中心对物流业务的风险须比封闭型或半封闭型的配送中心更具敏感性,否则会造成重要客户的流失,使自身的业务发展受限。
(　　)

项目二

订单作业

项目提要

本项目旨在让学生对配送的第一个流程订单作业有一个基本的认识，重点是熟悉订单处理的流程及掌握订单管理的方法。其中，任务一主要是让学生学习订单处理的基本流程，明确订单确认的要素，掌握不同形态订单的处理方法等内容；任务二主要是让学生学会对订单的有效性、客户的优先权进行分析，并能依次计算出拣货时间，确定出货顺序，学会对订单的初步管理。学生通过对这些内容的学习，可以对订单处理有初步的认识，并为后续项目的学习打下基础。

知识结构图

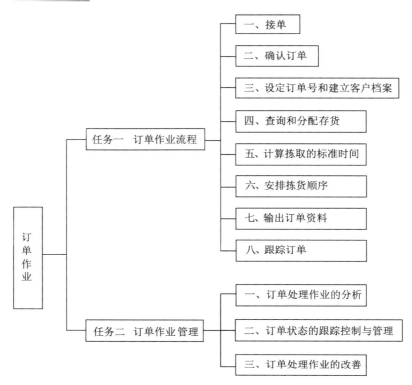

任务一 订单作业流程

学习任务

任务名称	订单作业流程	班级		完成时间	
学习目标	1. 知识目标：认识订单处理作业的重要性；熟悉订单处理的概念及不同形态的订单；明确订单中要确认的要素；掌握不同形态订单的处理方法和订单处理的流程。 2. 能力目标：会通过手工或管理信息系统对订单信息进行有效确认；会分析订单处理作业的状况，并会对订单处理进行初步管理。 3. 素质目标：树立客户第一的服务理念，满足客户的不同需求；树立效率意识、成本意识和责任意识。				

任务发布	1. 何为订单处理？如何进行订单处理？订单处理方式有哪些？ 2. 如何对订单内容进行确认？确认哪些内容？目的是什么？ 3. 客户档案应包含哪些内容？ 4. 如果订单的某商品总出货量大于可分配的库存量，应如何分配有限的库存？			
任务实施	1. 组队分工，制订计划，明确任务。 2. 按计划和分工实施任务。 3. 各组员交流学习成果，整合知识。			
组员及分工情况	小组名称		组长	
	组　员			
	任务分工			

任务情境

2023 年 6 月 20 日，ABC 配送中心接到 M 公司订购单，如表 2-1 所示。

表 2-1　M 公司订购单

序号	货品代码	货品名称	规格	单位	数量
1	6920559928001	荷兰橄榄油	520 mL/瓶	箱	10
2	6920559928002	荷兰橄榄油	550 mL/瓶	箱	10
3	6920559928003	荷兰橄榄油	480 mL/瓶	箱	10

要求于 2023 年 6 月 23 日在 M 公司仓库交货。

请问应该如何处理该订购单？

任务提示

要想完成以上任务，必须了解订单的处理流程，并清楚流程中的每一个环节分别由哪一个岗位来完成，该岗位需要掌握的知识和技能有哪些。

任务实施

订单处理作业是配送中心开展业务的第一步。从接到客户订单开始一直到准备拣选货品为止的作业阶段，称为订单处理作业，它是配送中心的核心业务，没有订单处理作业就没有拣货作业及其他流程。

> **知识拓展** 订单的反应速度
>
> 订单的反应速度，即订货周期（也称订单处理周期），是指从客户发出订单到客户收到货物的时间。客户希望订货周期短且稳定，从而降低自己经营的风险与成本。国外研究机构的调研结果表明，订单准备、订单传输、订单录入、订单履行的相关物流活动占到整个订单处理周期的50%~70%。所以，配送中心必须认真管理订单处理作业过程中的各项活动，才能通过速度快而获得竞争优势。

订单处理作业主要有接单、确认订单、设定订单号、建立客户档案、查询和分配存货等内容，如图2-1所示。

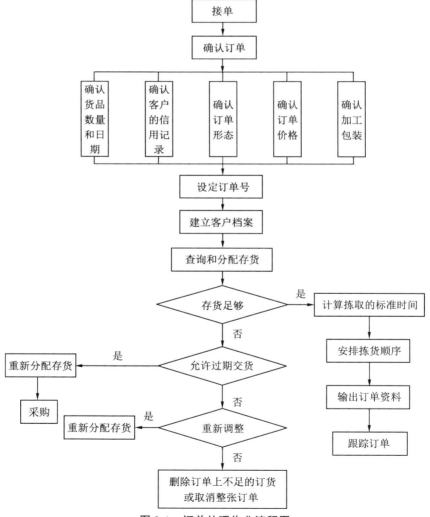

图2-1　订单处理作业流程图

一、接单

客户在下订单之前,需要向配送中心询问商品的价格。配送中心通常利用自动报价系统对客户的具体要求(客户名称、询问商品的名称、商品的具体规格等)进行综合评价与分析,然后计算销售价格,并回复给客户正式的报价。客户认可后就可以正式下达订单,向配送中心订货。配送中心接到客户的正式订单后,就可以按照客户订单的要求备货。配送中心接收的订货单如表 2-2 所示。

表 2-2 订货单

订单号	CK002	客户名称	好又多超市	紧急程度	一般
库房	2号仓库	出库类型	正常出库	出库方式	送货上门
收货人		好又多超市			
货品编码	货品名称	规格	单位	数量	批次	备注
6920459905012	统一冰红茶		箱	6		
6902827100069	可口可乐		箱	5		
6902083881405	康师傅冰红茶		箱	4		

随着我国经济的快速发展和物流行业的繁荣,配送中心的订单作业方式逐渐由传统的订货方式转变为以现代信息技术为支撑的电子订货方式。

订货方式

(一)传统订货方式

传统订货方式主要包括电话订货、传真订货、邮寄订货、客户自行取货、配送中心业务员跑单接单等。

1. 电话订货

这种方式是客户以电话口述方式将订货信息告知配送中心的订货方式。

客户每天需要订货的品种可能达数十项,而且这些商品由不同的供应商供货,因此利用电话订货耗费时间、错误率高。

2. 传真订货

这种方式是客户将订货信息整理成书面资料,利用传真机将其传递给配送中心的订货方式。

利用传真机订货可快速地传递订货资料,但常因所传递资料质量欠佳而增加后续作业的难度。

3. 邮寄订货

这种方式是客户将订货表单或订货信息存储卡等邮寄给配送中心的订货方式。

这种订货方式传递速度慢、效率低。

4. 客户自行取货

这种方式是客户亲自到配送中心看货、取货的订货方式。离配送中心较近的传统杂货店通常采用这种方式。

这种方式的特点是可省却配送中心的送货作业，但可能会影响其内部作业的连贯性与统一性。

5. 配送中心业务员跑单接单

这种方式是配送中心业务员到各客户处推销商品或服务，然后将客户订单带回，或紧急时通过电话、传真等传递客户订单的订货方式。

这种方式的特点是人力投入较大，管理困难。

（二）电子订货方式

随着流通环境及科技的发展，客户订货的方式也逐渐由传统的人工下单、接单演变为计算机直接发出与接收订货信息的电子订货方式。

电子订货方式（Electronic Ordering System，简称 EOS）就是将订单的信息内容由书面资料转为电子资料，通过通信网络进行传送。电子订货方式主要有以下三种。

1. 终端机和电子标签（或订货簿）配合

客户工作人员巡视货架商品时，如发现货品不足，则用随身携带的手持终端机（图2-2）先扫描订货簿或货架上的电子标签（图2-3），再输入需要补货的商品数量，最后通过计算机将订货详细信息传递给总公司或供应商。这种订货方式的优点是能准确、及时地进行补货，防止商品库存不足影响正常业务的进行；缺点是工作人员必须通过日常巡查货架来发现存货不足，需要耗费一定的时间，而且还需要配备相关的电子设备。

图2-2 手持终端机

图2-3 货架上的电子标签

2. 应用销售时点管理系统

销售时点管理系统（Point of Sale，简称 POS）是指客户先在销售时点管理系统中输入某商品的安全库存量，该商品被销售出去后，系统会自动调整该商品对应的库存量，而当商品的库存量低于设定的安全库存量时，POS 会自动产生需要补充商品的订单资料,该订单资料经工作人员确认后就可传递给总公司或供应商进行订货。这种订货方式的优点是商品缺货信息传递速度快、准确率高,可以提高运作效率;缺点是客户要配备相应的 POS 收银机和相关配套电子设备。

3. 应用订货应用系统

客户利用订货应用系统,将订货应用系统产生的订货资料经转换软件转成与供应商约定的共同格式,再在约定的时间里将订货资料传递给供应商。这种订货方式的优点是能及时地反映客户的需求,准确率非常高。

电子订货方式以传统订货方式不可替代的优点在现代物流企业中迅速得到推广应用,节约了大量的存货、仓储和相关成本费用,极大地提高了客户满意度,但其运作费用相对昂贵,客户应根据实际情况选择合适的订货方式。传统订货方式与电子订货方式的优劣比较如表 2-3 所示。

表 2-3 传统订货方式与电子订货方式的优劣比较

项目	速度	可靠性	正确性	存货及相关费用	客户服务水平	运作费用
传统订货方式	慢	低	低	较高	较低	低
电子订货方式	快	高	高	较低	高	高

二、确认订单

(一) 确认订单货物的详细信息

配送中心主要对订单货物的详细信息进行检查,包括检查品名、数量、规格、等级和送货日期等是否有错误。

知识拓展 ▶ **Zappos 自动化订单处理中心**

Zappos 秉承的经营理念:为顾客带来一流的购物体验,提供最好的服务和商品选择,同时以最快的速度送达顾客。Zappos 的服务理念:365 天免费退货,每天 24 小时客户服务,110%价格保护,所有订单免费隔夜递送。Zappos 提供的独特购物体验还有:具备广泛的网站搜索选项,顾客能够从各个角度清晰地浏览每件商品,以及配备动态实时库存监测,确保商品不脱销。Zappos 已经实现订单处理自动化,其顺畅的作业流程和动态实时库存监测给顾客带来了更好的购物体验,并且还在持续改进提高。

很明显,Zappos 的经营特色与核心竞争力——服务,是靠高效率的订单处理系统支撑的。技术水平极高的订单信息处理系统与自动化机械设备的有机结合,使 Zappos 实现了将客户的要货信息及时、准确地转换成发货指令,然后围绕发货指令使备货前的一切配送作业活动有依据、

> 程序化,再通过"强强联合"送货运输活动的外包,使免费隔夜递送成为可能。

(二) 确认客户的信用记录

配送中心接到客户订单后,首先应检查客户的应收账款是否超过其信用额度,仔细核对客户的财务状况和信用记录,以确保客户有能力支付该账款。审核通过后,此订单资料才能进入下一个处理步骤。

(三) 确认订单形态

配送中心面对的客户数量多,且各有不同的需求,所以在接受订货时,应对不同的客户采用不同的交易形态。一般来说,订单交易形态有以下几种。

1. 一般交易订单

一般交易订单就是按正常的程序处理的交易订单。配送中心接到客户订单后,将订单资料输入订单处理系统,打印出拣货单,然后进行拣货、配货、送货和回收账款等作业。

2. 间接交易订单

间接交易订单是客户向配送中心订货,供应商直接将货物配送给客户的交易订单。配送中心接到客户订单后,自己不向客户配送,而是委托供应商将货物配送给客户。

3. 合约式交易订单

合约式交易订单是配送中心与客户签订一份配送合同的交易订单。配送中心在系统中输入配送合同中约定的订货资料,并设定各批次送货的时间,到时系统自动产生所需的订单资料以便拣货、配货和送货。

4. 现销式交易订单

现销式交易订单是配送中心与客户现场交易,直接给货的交易订单。配送中心接到客户订单后,客户到中心直接签订合约,然后取走所订货物。

5. 寄库式交易订单

寄库式交易订单是客户因为商品的价格降低或促销等先和配送中心达成订购协议,之后配送中心再按客户的要求随时出货的交易订单。配送中心和客户先签订订购合同,货物先寄存在配送中心,等客户有需要的时候再出货。

(四) 确认订单价格

配送中心应根据不同的客户、不同的订购批量,仔细输入对应的销售价格,并加以检查。若输入的价格与实际不符,应及时纠正。

(五) 确认加工包装

配送中心应根据客户的要求,确认货物是否需要特殊包装或装潢性包装、分装、贴标签等。

三、设定订单号和建立客户档案

（一）设定订单号

配送中心的信息员接到订单，并确认相关信息后，会给订单分配唯一的号码，与此订单相关的后续各项作业都使用这个号码，以方便查询和检索工作。

（二）建立客户档案

配送中心需要给每一个客户建立翔实的档案，档案内容包括客户名称、代号、地址、合作记录、配送区域和途径、信用度、折扣率、配送要求、商品配装要求等。

建立客户档案，不仅便于工作人员随时查询客户信息，指导拣货、补货、配货和送货作业，提高配送服务水平，还可以为以后与客户的长期合作留下充分的参考依据。

四、查询和分配存货

（一）查询存货

查询存货就是在系统中查询客户订单中的货物是否有足够的存货，确认库存是否能满足客户的需求。存货资料一般包括商品名称、代号、规格、等级、包装要求、库存量、已分配存货、剩余存货及下一批存货进货时间。查询存货具体的操作方法：配送中心的信息员在系统中输入客户订单中的商品资料，系统自动查询库存中的存货量，如果存货足够，则进行存货分配；如果存货不足，则提供该商品资料或提供已采购未入库信息，以便业务员迅速和客户进行沟通协调，同时告知业务员新的出货时间，以便其和客户确认可否变更交货日期。

（二）分配存货

配送中心的信息员在系统中输入客户订单后，系统自动对大量的订货资料做有效的分类，依照具体情况选择合适的分配方式。存货分配方式主要有以下两种。

1. 单一订单分配

单一订单分配是指在每次输入客户订单时就即时将存货分配给该订单的分配方式，多为线上即时分配，主要适用于大批量的存货分配。

2. 批次分配

批次分配是指当配送中心每日的订单数量大、种类多、有一定的规律时，需要等所有订单都输入后，才分配库存的分配方式。这是配送中心常见的、应用最广的、最合适的分配方式。配送中心根据不同的分批原则选取最佳的方式，常见的分批原则有按接单顺序分批、按配送区域或路径分批、按流通加工要求分批、按车辆要求分批等。订单批次划分原则及说明如表2-4所示。

表 2-4 订单批次划分原则及说明

批次划分原则	说明
按接单顺序分批	将整个接单时段划分为几个区段,将订单按接单先后顺序分几个批次处理
按配送区域或路径分批	将同一配送区域或路径的订单汇总后一起处理
按流通加工要求分批	将有流通加工要求的订单汇总后一起处理
按车辆要求分批	若配送商品需要特殊的配送车辆（如低温车、冷藏车）或客户所在地的卸货特性要求由特殊的车辆配送,可将此类订单汇总合并后一起处理

（三）存货不足的处理

如果配送中心查询存货后发现可分配的库存量小于商品总出货量，则可以依据以下原则确定客户订单的先后顺序。

（1）具有特殊优先权的订单优先，如缺货补货订单、紧急订单、延迟交货订单等。

（2）客户信用度较高的订单优先。

（3）主要客户的订单优先。

（4）订单数量大或交易金额大的订单优先。

如果配送中心查询存货后发现可分配的库存量不能完全满足订单的商品需求量，客户又不愿以代替品替换，业务员就需要迅速和客户联系并及时进行调整。可采用以下处理方式：

（1）延迟交货。

（2）调整后再分配存货。

（3）删除订单上不足的订货。

（4）取消整张订单。

五、计算拣取的标准时间

完成存货查询及分配后，配送中心需要利用计算机系统计算出每张订单或每批订单可能花费的拣取时间，以便总体筹划出货的顺序。一般的做法：首先计算出拣取每个单元货物需要花费的标准时间，且将它设定于计算机记录标准时间档，将此个别单元的拣取时间记录下来，可以很容易地推导出整个标准时间；其次可依每品项订购数量再配合每品项的寻找时间，来计算出每品项拣取的标准时间；最后根据每张订单或每批订单的订货品项，再考虑纸上作业的时间，计算出整张或整批订单的拣取标准时间。拣取标准时间确定后，则可得出总共所花的时间。

六、安排拣货顺序

配送中心一般按客户的需求和计算出的标准拣取时间，合理安排已分配存货的订单,包括安排各订单的拣货顺序和出货时间。

七、输出订单资料

经过上述流程后,配送中心会输出拣货单、出库单。其中最重要的是拣货单,它是拣货的依据,是货物出库的指示资料。在拣货单中要列明有关商品详细的拣货信息,以便确定最佳拣货策略。出库单要注意出货资料的准确性,以便货物最后配送到客户手中时,客户容易按出库单所列货品进行清点和签收。

八、跟踪订单

配送中心把货物正确送达客户后,还要对订单进行跟踪控制,并保存订单信息,即将已结束交易的订单分别归入"客户数据库""对此客户报价的历史数据库""客户交易此货物的历史数据库"中,将其作为以后开展业务的主要历史资料。

订单处理

一、情境

配送中心收到客户 A 公司(编号:Cust 001)的订货单,具体货品如表 2-5 所示。

表 2-5 订货单

订单编号:O2022415A01　　　　　　　业务单号:F20220415-10
订货方编号:Cust 001　　　　　　　　订货单位名称:A 公司
订货单位联系人:张三　　　　　　　　订货单位联系电话:025-8088588×

序号	货品名称	规格型号	单位	数量	单价/元	金额/元
1	王老吉	355 mL×24 瓶	箱	12	50.00	600.00
2	方便面	105 g×12 桶	箱	14	38.00	532.00
3	花露水	255 mL×12 瓶	箱	16	56.00	896.00
4	巧克力	220 g×6 袋	箱	10	124.00	1 240.00
5	色拉油	250 mL×6 瓶	箱	8	124.00	992.00
6	洗发水	400 mL×12 瓶	箱	4	366.00	1 464.00
总计		人民币大写:伍仟柒佰贰拾肆圆整				5 724.00

经办人:　　　　　　　　　　　　　　部门主管:

二、步骤

1. 将学生分成若干小组,各组设组长一名,配送中心、客户工作人员各一名。
2. 教师向每组学生发放资料,明确任务目标。
3. 各小组在组长带领下依据订单处理作业的相关知识进行订单处理。
4. 各小组汇报作业完成情况。
5. 教师对各小组完成情况进行点评,并对涉及的理论知识进行讲解。
6. 各小组针对出现的问题进行总结、反思,并对方案进行修订。

任务二 订单作业管理

任务名称	订单作业管理		班级		完成时间	
学习目标	1. 知识目标:掌握拣货时间的计算方法;理解订单处理状态跟踪管理的方法。 2. 能力目标:能够通过手工对订单信息进行有效确认;会计算拣货时间,确定大致的出货顺序;会对订单处理进行初步管理。 3. 素质目标:树立客户第一的服务理念,满足客户的不同需求;树立效率意识、成本意识和责任意识。					
任务发布	1. 如何进行订单有效性分析? 2. 不同的订单形态分别对应什么样的交易及处理方式? 3. 如何进行客户优先权分析? 4. 如何对订单状态进行跟踪? 5. 订单会遇到哪几种情况的变化?分别应怎样处理? 6. 改善订单处理作业的方法有哪些?					
任务实施	1. 组队分工,制订计划,明确任务。 2. 按计划和分工实施任务。 3. 各组员交流学习成果,整合知识。					
组员及分工情况	小组名称			组长		
	组员					
	任务分工					

ABC 配送中心在 2023 年 6 月初收到某客户订单 800 份,订单完成后该客户

又补充紧急订单 50 份。接到紧急订单后，ABC 配送中心组织人力，在 12 小时内发出了 36 份。请对 ABC 配送中心的订单处理能力进行评价。

任务提示

该任务涉及的是对特殊订单的作业管理问题。针对订单的作业管理，我们需要做以下几个方面的分析：订单是否为有效订单、客户的优先权如何、目前订单处于何种状态、订单的变更情况如何及应如何处理。

任务实施

订单作业管理是一个常见的管理问题。由于客户下订单的方式多种多样、订单执行路径千变万化、产品和服务不断变化、发票开具难以协调等情况，订单作业管理变得十分复杂。

订单作业管理包括订单处理作业的分析、订单状态的跟踪控制与管理、订单处理作业的改善。

一、订单处理作业的分析

（一）订单有效性分析

接到客户订单后，应对客户订单的有效性进行分析，分析内容包括以下几个方面。

1. 核对货物及送货信息

接到客户订单后，需要对货物及送货信息进行确认，包括检查品名、数量、送货时间等是否有遗漏、笔误或不符合要求的情形。尤其当送货时间有问题或出货时间已延迟时，更需要与客户再次确认订单内容或更正送货时间。

2. 确认客户信用

检查客户的应收账款是否已超过其信用额度，可以通过以下两种方法核查。

（1）若客户的应收账款已超过其信用额度，则应决策是录入其订货资料，还是拒绝其订单。

（2）若客户此次订货的订购金额加上其累计应收账款额超过其信用额度，则应将客户订单交给上级主管部门审核，如审核通过，则进入下一步处理程序。

3. 确认订单形态

配送中心应对不同的订单形态采用不同的交易及处理方式。

（1）一般交易订单。接到一般交易订单后，按正常订单处理程序处理，订货资料处理完毕后进行拣货、出货、发送、收款等作业。

（2）间接交易订单。接到间接交易订单后，将客户的出货资料发给供应商，由其代为配送。

（3）合约式交易订单。接到合约式交易订单后，应在约定的送货期间将配送资料录入，以便配送；或在输入订货资料后，依照订单内容，设定各批次送货时间，在约定时间内完成配送。

（4）寄库式交易订单。接到寄库式交易订单后，应确认客户是否确实有此项寄存商品。若有，则出货；若没有，则拒绝订单。寄库式交易订单处理方式如图2-4所示。

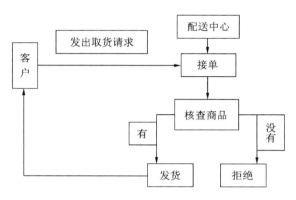

图2-4　寄库式交易订单处理方式

4. 确认订单价格

不同的客户、不同的订货量对应不同的价格，若价格与实际不符，应加以审核。表2-6中的应收账款就有错误。

表2-6　客户订单

订单编号：C20170601A01　　　　　　业务单号：W20170601-1001
订货方编号：CH001　　　　　　　　订货单位名称：M公司
订货单位联系人：王冰　　　　　　　订货单位联系电话：025-7568932×

序号	货号	货品名称	规格型号	单位	数量	单价/元	金额/元
1	D001	松下吹风机	EH-ND20	箱	496.00	5	2 480.00
2	W002	西门子微波炉	SDHC04	箱	699.00	1	699.00
3	A002	美的电饭煲	YJ407J	箱	719.00	6	4 314.00
4	S002	纯净水	500 mL	箱	24.00	8	192.00
5	F003	方便面	150 g	箱	24.00	4	96.00
6	F004	笋干老鸭煲面	115 g	箱	36.00	1	36.00
7	A001	美的电水壶	12S03CZ	箱	598.00	5	2 990.00
8	S001	金龙鱼芝麻油	220 mL	箱	459.00	2	918.00
总计		人民币大写：壹万壹仟柒佰叁拾伍圆整					11 725.00 元

表 2-6 中的应收账款实际应为 11 725 元,而人民币大写金额出现错误,属于笔误,配送中心应及时通知客户以上情况,要求其对错误数据进行修改。

(二) 核对客户授信额度与应收账款情况

由表 2-7 可知,M 公司四家分店的应收账款均小于授信额度,故均能对四家分店进行配送。

表 2-7　M 公司四家分店的授信额度及本次订货应收账款情况　　单位:元

客户	常州店	无锡店	苏州店	南京店
授信额度	50 000	45 000	40 000	42 000
应收账款	12 509	18 757	20 294	11 725

思考:

客户的信用和授信额度的核查该由谁负责?在此工作中应该有怎样的责任和担当?

(三) 核对订单货物数量与现有库存量

M 公司接到的订单货物数量与现有库存量如表 2-8、表 2-9 所示。

表 2-8　订单货物数量

序号	货号	货品名称	规格型号	订货量/箱				总需求量/箱
				常州店	无锡店	苏州店	南京店	
1	A001	美的电水壶	12S03CZ	3	0	5	3	11
2	D001	松下吹风机	EH-ND20	6	7	5	0	18
3	W002	西门子微波炉	SDHC04	1	2	1	2	6
4	A002	美的电饭煲	YJ407J	0	5	6	9	20
5	B003	戴尔电脑显示器	D330	4	5	0	6	15
6	S001	金龙鱼芝麻油	220 mL	0	4	2	1	7
7	S002	纯净水	500 mL	8	6	8	6	28
8	F003	方便面	150 g	5	6	4	5	20
9	F004	笋干老鸭煲面	115 g	2	0	1	0	3
10	K001	金锣火腿肠	50 g	8	6	0	10	24

表2-9 现有库存量

序号	货号	货品名称	规格型号	库存量/箱
1	A001	美的电水壶	12S03CZ	10
2	D001	松下吹风机	EH-ND20	20
3	W002	西门子微波炉	SDHC04	7
4	A002	美的电饭煲	YJ407J	20
5	B003	戴尔电脑显示器	D330	20
6	S001	金龙鱼芝麻油	220 mL	15
7	S002	纯净水	500 mL	34
8	F003	方便面	150 g	24
9	F004	笋干老鸭煲面	115 g	5
10	K001	金锣火腿肠	50 g	32

对照现有库存量可知，美的电水壶缺货1箱。故接下来需要对客户优先权进行分析，以确定配送顺序。

（四）客户优先权分析

第一步：由于客户优先权受订单紧急度、授信额度、客户类型及需求量等因素影响，所以对M公司四家分店按上述因素进行分析，分析结果如表2-10所示。

表2-10 M公司客户优先权影响因素分析

客户	常州店	无锡店	苏州店	南京店
交货时间/h	10	12	24	16
授信额度/万元	5	4.5	4	4.2
客户类型	关键	次关键	一般关键	一般关键
需求量/箱	37	41	32	42

第二步：对上述因素进行量化分析，分析结果如表2-11所示。

表2-11 M公司客户优先权影响因素量化分析

客户	常州店	无锡店	苏州店	南京店
订单紧急度	3.5	2.9	1.4	2.2
授信额度	2.8	2.5	2.3	2.4
客户类型	3.3	2.7	2	2
需求量	2.4	2.7	2.1	2.8

(1) 订单紧急度。

$$订单紧急度 = [1/交货时间/\sum(1/交货时间)] \times 10$$

例如：常州店的订单紧急度 = $[(1/10)/(1/10+1/12+1/24+1/16)] \times 10 \approx 3.5$；
无锡店的订单紧急度 = $[(1/12)/(1/10+1/12+1/24+1/16)] \times 10 \approx 2.9$。
交货时间越短，订单紧急度越大。

(2) 授信额度。

$$授信额度 = (各授信额度/各授信额度之和) \times 10$$

例如：常州店的授信额度 = $[5/(5+4.5+4+4.2)] \times 10 \approx 2.8$；
无锡店的授信额度 = $[4.5/(5+4.5+4+4.2)] \times 10 \approx 2.5$。

(3) 客户类型。

假设关键客户指数为5，次关键客户指数为4，一般关键客户指数为3，则

$$客户类型 = (各指数/各指数之和) \times 10$$

例如：常州店的客户类型 = $[5/(5+4+3+3)] \times 10 \approx 3.3$；无锡店的客户类型 = $[4/(5+4+3+3)] \times 10 \approx 2.7$。

(4) 需求量。

$$需求量 = (各需求量/各需求量之和) \times 10$$

例如：常州店的需求量 = $[37/(37+41+32+42)] \times 10 \approx 2.4$；无锡店的需求量 = $[41/(37+41+32+42)] \times 10 \approx 2.7$。

第三步：确定客户优先权。

配送中心客户优先权评价指标的权重如表 2-12 所示。

表 2-12　客户优先权评价指标的权重

评价指标	订单紧急度	授信额度	客户类型	需求量
权重	0.5	0.1	0.2	0.2

根据以上信息求得各店优先指数如表 2-13 所示。

表 2-13　各店优先指数

客户	常州店	无锡店	苏州店	南京店
优先指数	3.17	2.78	1.75	2.30

各店优先指数的算法为：优先指数 = $\sum$ 各店各评价指标值×相应权重。

例如：常州店的优先指数 = $0.5 \times 3.5 + 0.1 \times 2.8 + 0.2 \times 3.3 + 0.2 \times 2.4 = 3.17$；无锡店的优先指数 = $0.5 \times 2.9 + 0.1 \times 2.5 + 0.2 \times 2.7 + 0.2 \times 2.7 = 2.78$；苏州店的优先指数 = $0.5 \times 1.4 + 0.1 \times 2.3 + 0.2 \times 2.0 + 0.2 \times 2.1 = 1.75$；南京店的优先指数 = $0.5 \times 2.2 + 0.1 \times 2.4 + 0.2 \times 2.0 + 0.2 \times 2.8 = 2.30$。所以应该优先配送常州店。

二、订单状态的跟踪控制与管理

订单在物流过程中的执行情况如何，必须实时跟踪。订单进度跟踪过程如

图 2-5 所示。

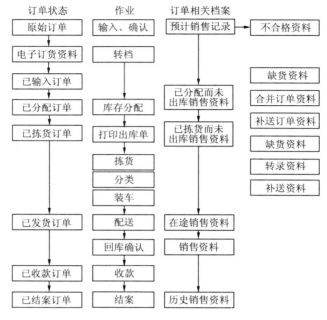

图 2-5 订单进度跟踪过程

（一）订单状态的跟踪

随着物流过程的进展，订单状态也在发生变化。

(1) 已输入订单。把客户订单输入系统中，生成的订单即为已输入订单。其内容有商品名称、数量、单价和交易配送条件等。已输入订单是发货的依据。

(2) 已分配订单。经过输入、确认的订单可进行库存分配作业，并进一步确认订单是否能如数拣货，一旦发生缺货应及时处理。经过库存分配的已输入订单，即转为已分配订单。

(3) 已拣货订单。经过库存分配，生成出货指示资料，即可进行实际的拣货作业，而已打印拣货单进行拣货作业的已分配订单，就转为已拣货订单。

(4) 已发货订单。已拣货订单经过分类、装车、发货后，变成已发货订单。

(5) 已收款订单。已发货订单经过客户的确认验收后，便是实际发货的资料。该资料是收款的依据，根据该资料制作发票，便于客户申请款项。得到款项的已发货订单就是已收款订单。

(6) 已结案订单。已收款订单经过内部确认后变成已结案订单。已结案订单表示和客户的交易活动已经结束。

（二）订单相关档案记录

1. 预计销售资料及不合格资料

客户的原始订单或电子订货资料进入订单处理系统，经过确认核实后，合格的订单被记录为预计销售资料，而不合格的订单被记录为不合格资料。

2. 已分配而未出库销售资料、缺货资料、合并订单资料、补送订单资料

预计销售资料经过库存分配后,转为已分配而未出库销售资料;而分配后缺货的资料被记录为缺货资料;缺货的订单若要合并到下一张订单则被记录为合并订单资料;若在有库存时予以补送则被记录为补送订单资料。

3. 已拣货而未出库销售资料、缺货资料

已分配而未出库销售资料经过打印拣货单后转为已拣货而未出库销售资料,如果拣货后发现缺货则转为缺货资料。

4. 在途销售资料

已拣货而未出库销售资料出货配送后即转为在途销售资料。

5. 销售资料

在途销售资料经过回库确认修改后即转为销售资料,此为实际的销售资料,为应收账款系统的收款资料来源。

6. 历史销售资料

销售资料经过结案后即成为历史销售资料。

(三)订单状态资料的查询打印

订单的状态及相关档案记录完毕后,就可以随时查询并打印订单的状况资料,如订单状态明细表、未出货订单明细表、缺货订单明细表、未收款订单、未结案订单。

(四)订单变化处理

1. 客户取消订单

受各种因素影响,常有客户取消订单的情况发生。一旦客户取消订单,一方面要和客户协商;另一方面要从订单处理系统中了解此订单自由处理的进度,只有详细掌握订单状态,才能取消订单交易。

订单变化处理

若此订单处于已分配而未出库状态,则应从已分配而未出库销售资料中找到此订单,将其删除,并恢复相关商品的库存信息。若此订单处于已拣货而未出库状态,则应从已拣货而未出库销售资料中找到此订单,将其删除,并恢复相关商品的库存信息。之后,把已拣出商品回库上架。

2. 客户增加订单

在物流过程中,经常发生客户增加订单的情况。在这种情况下,首先要查询客户订单执行状态,若接受增订,应及时追加此笔订单信息;若客户订单处于分配状态,应修改已分配而未出库销售资料中的订单内容。

3. 拣货时发现缺货

若现有存货数量无法满足客户需求,客户又不愿以替代品替代,则应按照客户意愿与公司政策来决定应对方式。缺货处理方式如表 2-14 所示。

表 2-14 缺货处理方式

缺货处理方式	具体说明
重新调拨	若客户不允许过期交货，而公司也不愿失去此客户订单，则有必要重新调拨分配订单
补交货	若客户允许不足额的交货，可等待有货时再予以补送，且公司政策也允许，则采用补交货方式； 若客户允许不足额的交货或整张订单留待下一次订单一同配送，则也采用补交货方式
删除不足额订单	若客户允许不足额的交货，可等待有货时再予以补送，但公司政策并不希望分批出货，则只好删除不足额的订单； 若客户不允许过期交货，且公司也无法重新调拨，则考虑删除不足额的订单
延迟交货	有时限延迟交货：客户允许一段时间的过期交货，且希望所有订货一同送达； 无时限延迟交货：不论需要等多久，客户皆允许过期交货，且希望所有订货一同送达，则等待所有订货到达后再出货
取消订单	若客户希望所有订货一同送达，且不允许过期交货，而公司也无法重新调拨，则只能将整张订单取消

4. 配送时发现缺货

在物流配送过程中，若装车点货时发现缺货，应从已拣货而未出库销售资料中找到这笔缺货订单，加以修改，并重新打印清单。

5. 拒收

当客户对商品的质量数量等有异议而拒收时，应从在途销售资料中找到此客户订单，并加以修改。

三、订单处理作业的改善

（一）改善的意义

从客户角度来看，客户不仅仅关心产品或服务本身，更希望获得价值，感到满意。订货提前期的稳定性与时间长短、送货的准确性、订单处理状态跟踪等是客户获得价值与感到满意的重要因素。

从配送中心的角度来看，提高客户服务水平和降低库存与运输费用是一个十分重要的问题。运用先进的技术手段和对业务流程的重组与改善，在提高客户服务水平的同时降低配送总成本，获得竞争对手难以模仿的竞争优势，是一项至关重要的经营战略。

（二）改善的关键因素

1. 时间因素

订单处理周期在客户眼中是订货提前期。改善的目标是在保证时间耗费的稳定性前提下，努力减少时间耗费。

2. 供货准确性因素

配送中心要按照客户订单的内容提供准确品种、数量、质量的商品，并运送到正确的交货地点。如需要分批送货和延期供货，应与客户提前沟通好。

3. 成本因素

配送中心设置的地点和数量、运输批量和运输路线的调控等都是需要考虑的成本因素。

4. 信息因素

配送中心要通过完善的配送信息系统，向客户及企业内部（生产、销售、财务及仓储运输等部门）提供准确、完备、快速的信息服务。

（三）改善订单处理作业的方法

1. 提高订单履行的准确度

如果能够准确无误地完成客户订单，不产生任何错误，那么订单处理的时间就是最短的。因此，要尽量减少出错的概率。

2. 合理安排订单处理的先后顺序

从企业发展的角度出发，把有限的时间、生产力及人力资源配置到最有利可图的订单上，保证享有优先级的订单被优先处理。

3. 灵活选择订单处理的方法

把订单收集成组、分批处理可降低处理成本，或将几个小订单集中组成较大运输批量的订单可降低运输成本，但这样都延长了订单处理时间。因此，要在降低处理成本与降低运输成本之间进行综合平衡。

订单处理作业还有哪些改善方法？在此工作中如何培养创新意识？

典型案例

FD公司订单准备的改善

FD公司向几个省的批发商供应罐装蔬菜、水果、调味品，以及其他特殊商品，货物品种多达100种。该公司建立了一套旨在改善服务质量、提高公司销售人员工作效率的方案，这一方案的目标是把销售人员从接收订单的工作中解放出来，使销售人员把更多的时间花在改进销售模式和提高促销能力上。以前，销售人员将订单收集起来，一直积累到较大数量时才发往公司总部。如今，按照新方案，批发商可按确定好的计划，直接用电子邮件向公司总部发订单。

但是，在新方案的实施过程中，许多批发商没有能按确定好的计划行事，他们对别人何时要他们发订单这一点并不习惯，对这种缺乏灵活性的管理方式持反对态度。还有一些批发商因为一直依赖销售人员来决定他们需要什么时候订货，觉得新的体系反而使问题复杂化。

如果未按计划将订单发送到公司总部，批发商就不得不再等待两个星期才能订货。当出现货物脱销时，受影响的批发商会失去销售 FD 公司产品的机会，但受影响最大的是 FD 公司，因为批发商和零售商手中有好几个供货来源，当 FD 公司的产品脱销时，他们可以转而销售其他品牌的产品。

1. 该公司订单准备阶段失败的原因在哪里？
2. 如何能够把该公司的订单处理设计得更合理？请提出自己的方案。

订单的决策与处理

一、情境

目前是销售旺季，客户和订单信息如表 2-15 至表 2-21 所示，配送中心希望根据库存水平，优先满足重要的客户，完成库存分配。

表 2-15　客户档案一

客户编号	guest 001				
公司名称	华伟商贸有限公司		代码		HW
法人代表	黄庆	家庭住址	杭州市西湖区翠苑四区	联系方式	0571-8753567×
证件类型	营业执照	证件编码	120109278362905	营销区域	杭州市区
公司地址	杭州市西湖区文一路 129 号		邮编	310010	联系人	刘鹏
公司电话	0571-8753086×	家庭电话	0571-8352073×	传真号码	0571-8753086×
开户银行	杭州联合银行		银行账号		62839047523789××
公司性质	中外合资	所属行业	商业	注册资金（人民币）	200 万元	经营范围	食品、办公用品
信用额度	8 万元	忠诚度	一般	满意度	较高	应收账款	4.8 万元
客户类型	普通型		客户级别		B
建档时间	2013 年 1 月		维护时间		2016 年 5 月

表2-16 客户档案二

客户编号	\multicolumn{4}{c}{guest 002}			
公司名称	惠民超市		代码	HM
法人代表	何锡文	家庭住址	杭州市江干区百年家园	联系方式	0571-8342378×
证件类型	营业执照	证件编码	120103456218776	营销区域	华东地区
公司地址	杭州市江干区庆春东路		邮编	310014	联系人	易培
公司电话	0571-8265198×	家庭电话	0571-8540213×	传真号码	0571-8755098×
开户银行	中国农业银行庆春支行		银行账号	15663315102965××
公司性质	民营	所属行业	零售	注册资金（人民币）	2 000万元	经营范围	食品、办公用品
信用额度	180万元	忠诚度	高	满意度	高	应收账款	152.5万元
客户类型	重点型		客户级别	A
建档时间	2009年1月		维护时间	2012年5月

表2-17 客户档案三

客户编号	guest 003				
公司名称	家家福超市		代码	JJF
法人代表	陈开军	家庭住址	杭州市上城区平海家园	联系方式	0571-8333124×
证件类型	营业执照	证件编码	1202543789907655	营销区域	上城区
公司地址	杭州市上城区清泰街		邮编	310012	联系人	刘俊
公司电话	0571-8831596×	家庭电话	0571-8355809×	传真号码	0571-8822063×
开户银行	招商银行清泰支行		银行账号	93752289012314××
公司性质	民营	所属行业	零售	注册资金（人民币）	70万元	经营范围	食品、办公用品
信用额度	12万元	忠诚度	一般	满意度	高	应收账款	9.7万元
客户类型	普通型		客户级别	B
建档时间	2003年1月		维护时间	2012年5月

表 2-18　华伟商贸有限公司采购订单（订单号：1604）

序号	商品名称	单价/（元/箱）	订购数量/箱	金额/元
1	好娃娃薯片	196.00	7	1 372.00
2	诚诚油炸花生仁	172.00	5	860.00
3	畅享油多多超级蛋王	40.00	25	1 000.00
4	维达双抽面巾纸	72	10.00	720.00
		合计		3 952

表 2-19　惠民超市采购订单（订单号：1602）

序号	商品名称	单价/（元/箱）	订购数量/箱	金额/元
1	好娃娃薯片	196.00	7	1 372.00
2	诚诚油炸花生仁	172.00	5	860.00
3	旺旺饼干	486.00	3	1 458.00
4	雪碧	36.00	15	540.00
5	椰树椰汁	48.00	15	720.00
		合计		4 950.00

表 2-20　家家福超市采购订单（订单号：1605）

序号	商品名称	单价/（元/箱）	订购数量	金额/元
1	诚诚油炸花生仁	172.00	10	1 720.00
2	旺旺饼干	486.00	3	1 458.00
3	康师傅矿物质水	24.00	10	240.00
		合计		3 418

表 2-21　配送中心库存表

序号	商品编号	商品名称	库存数量/箱
1	6921004208601	王老吉凉茶	30
2	6924512320231	红牛方便面	20
3	6925674823487	戴尔台式电脑	22
4	6945815421783	喜洋洋背包	30
5	6941278128979	精灵鼠标	18
6	6941278128979	好娃娃薯片	12
7	6941278128972	诚诚油炸花生仁	30
8	6941278128973	畅享油多多超级蛋王	30

续表

序号	商品编号	商品名称	库存数量/箱
9	6941278128974	维达双抽面巾纸	20
10	6941278128975	旺旺饼干	5
11	6941278128976	雪碧	5
12	6941278128977	椰树椰汁	20
13	6941278128978	康师傅矿物质水	5

二、目标

综合接单先后顺序、客户优先权，先确定订单处理优先权，然后完成库存分配。

三、准备

1. 准备能容纳 50 人的模拟实训室 1 间、多媒体投影仪 1 台、屏幕 1 块、白板 1 个。

2. 对学生进行分组，每组设订单制作人员 1 人、订单审核人员 1 人、主管 1 人。

3. 准备实训用资料表、笔、计算器、传真机、电话等。

4. 学生在实训教师的指导下，按照步骤完成实训，教师可根据要求给出相应的数据和人员信息。

四、步骤

1. 按接单先后顺序处理多个订单。

2. 对照 VIP 和一般客户汇总表，记录 VIP 客户需求是否被满足。

3. 基于客户优先权处理多个订单。

4. 对照 VIP 和一般客户汇总表，记录 VIP 客户需求是否被满足。

5. 对比分析两种不同订单处理方法的结果。

学习评价

评价点	分值	个人自评（占30%）	小组评价（占30%）	教师评价（占40%）	得分	总分
订单接收基本流程的掌握情况	10					
订单接收方式的掌握情况	10					
能否将订单正确输入系统	10					
能否根据实际情况建立客户档案	10					
对货品名称、编号的熟悉情况	10					
能否对货品进行完备的信息描述	10					
能否进行客户优先权分析	10					
能否正确处理订单的变化	10					
拓展提升完成情况	10					
在团队合作中的表现	10					

项目检测

一、单选题

1. 在订单作业流程中,信息的传递非常重要,涉及分拣计划、(　　)和配送服务的安排及配送费用的核算。
   A. 装卸搬运　　B. 流通加工　　C. 包装　　D. 储存

2. 在订单作业中,(　　)是指当场交易,直接给货的订单形态。
   A. 一般交易订单　　　　　　B. 现销式交易订单
   C. 合约式交易订单　　　　　D. 寄库式交易订单

3. 依据订单作业流程,从"门店根据需求提出补货计划"到"接收订单分配库存"正确的排序是(　　)。
   ① 信息传配送中心　② 总部汇总信息生成补货订单　③ 订单信息是否符合规定　④ 配送中心信息中心审核订单信息
   A. ①②③④　　B. ②①④③　　C. ①②④③　　D. ②①③④

4. 在接单作业中,(　　)的处理方式是系统应检查客户是否确实有此项寄库的货物。若有,则出此项货物,否则应加以拒绝。
   A. 间接式交易订单　　　　　B. 现销式交易订单
   C. 合约式交易订单　　　　　D. 寄库式交易订单

5. 在订单处理数量指标中,(　　)是出货数量与订单数量的比值。
   A. 每个订单平均订货数量　　B. 延迟交货订单数
   C. 日均受理订单数　　　　　D. 实际交货数量

6. 接到客户订单后,应对客户订单进行有效性分析,分析内容包括核对货物及送货信息、确认客户信用、确认订单形态和(　　)。
   A. 质量　　B. 价格　　C. 方式　　D. 以上都是

7. 在对客户优先权进行分析时,应考虑的因素有(　　)。
   A. 需求量　　B. 授信额度　　C. 订单紧急度
   D. 客户类型　　E. 以上都是

8. 发生缺货时,若客户不允许过期交货,而公司也不愿失去此客户订单,则对此订单的处理方式为(　　)。
   A. 重新调拨　　B. 补交货　　C. 延迟交货　　D. 取消订单

二、多选题

1. 订单作业的信息传递涉及的过程包括(　　)。
   A. 分拣计划的安排　　　　　B. 流通加工的安排
   C. 配送服务的安排　　　　　D. 配送费用的核算

2. 在订单作业中,订单的形态主要包括(　　)。
   A. 一般交易订单　　　　　　B. 现销式交易订单
   C. 合约式交易订单　　　　　D. 寄库式交易订单

E. 间接交易订单

3. 订单处理的数量指标包括（　　　）。

A. 日均受理订单数　　　　　　　B. 延迟交货订单数

C. 每个订单平均订货数量　　　　D. 实际交货数量

4. 订单在物流过程中的执行状态有（　　　）。

A. 已输入订单　　　　　　　　　B. 已分配订单

C. 已拣货订单　　　　　　　　　D. 已发货订单

E. 已收款订单　　　　　　　　　F. 已结案订单

5. 改善订单处理作业的关键因素包括（　　　）。

A. 时间因素　　B. 成本因素　　C. 信息因素　　D. 供货准确性因素

6. 下列关于改善订单处理方法的描述，正确的是（　　　）。

A. 要尽量减少订单处理出错率，提高订单履行的准确度

B. 企业要把有限的时间和资源配置到最有利可图的订单上

C. 把订单收集成组，分批处理会提高处理成本，延长订单的处理时间

D. 将几个小订单集中组成较大运输批量的订单会延长订单的处理时间

三、判断题

1. 订单处理只是配送中心信息流的开始，和后续的实际配送操作环节无关。
（　　）

2. 配送中心对接收客户订单的传统订货与电子订货两种方式的选择，要根据各方式的投入及运营成本与效益的差异来决定。（　　）

3. 客户希望订单处理周期越短越好，而稳定性无所谓。（　　）

4. 对订单处理流程进行跟踪，不仅能控制订单执行情况，还可满足客户了解订单处理状态信息的要求。（　　）

项目三

入库作业

项目提要

本项目旨在让学生对入库作业有一个基本的认识。其中,任务一主要是让学生了解货物入库前需要做哪些准备工作、分配货物储位的方式和思路是什么;任务二主要是让学生学会依据货物接运的原则进行正确的货物接收,并能够对在接运过程中出现的差错进行原因分析及处理;任务三主要是让学生学会如何对入库货物进行验收,包括验收准备、核对凭证、实物检验等;任务四主要是让学生掌握上架作业的相关内容,并熟悉搬运作业中主要涉及的设备,以及上架作业中主要涉及的货架类型。学生通过学习这些内容,可以对入库作业有一个初步的认识,并为后续项目的学习打下基础。

知识结构图

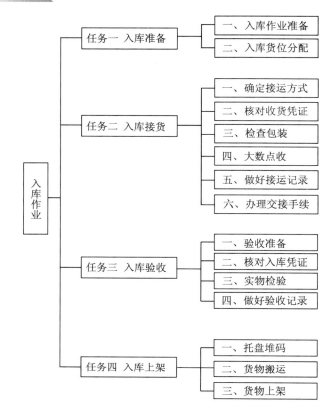

任务一 入库准备

学习任务

任务名称	入库准备	班级		完成时间	
学习目标	1. 知识目标：熟悉入库准备工作的内容；了解货位分配的分类；熟悉货位分配的方式；掌握货位分配的原则。 2. 能力目标：能根据不同的货物入库要求做好入库准备工作；能根据货位分配的原则及方式进行货物货位分配。 3. 素质目标：树立效率意识、成本意识和责任意识。				
任务发布	1. 了解本次要入库货物的规格、数量、包装状态、到库时间、特性、保管要求等，并做好记录。 2. 了解配送中心的库容、设备、人员等情况。 3. 做好卸货、检验、搬运人员的安排。 4. 准备好相关文件、单据。				

任务实施	1. 团队成员分组搜集整理即将入库货物的特性、保管要求等。 2. 组内交流，并分析本次入库货物所需的准备工作。 3. 利用物动量 ABC 分类法对入库货物进行分类。 4. 分组进行入库货物的准备工作。			
组员及分工情况	小组名称		组长	
	组　　员			
	任务分工			

2023 年 8 月 15 日，ABC 配送中心收到一份客户的入库通知单，到货商品为 NIVEA 晶纯皙白泡沫洁面乳、大宝润肤露、统一香爆红椒牛肉面、康师傅红烧牛肉面。该批货物的计划到货日期为 2023 年 8 月 17 日，入库通知单如表 3-1 所示。

表 3-1　入库通知单

编号：R20210815			计划入库时间：到货当日		
序号	货物名称	数量/箱	包装尺寸	重量/kg	堆码限高/m
1	NIVEA 晶纯皙白泡沫洁面乳	60	350 mm×200 mm×200 mm	20	5
2	大宝润肤露	20	498 mm×333 mm×180 mm	22	5
3	统一香爆红椒牛肉面	30	390 mm×200 mm×200 mm	4	8
4	康师傅红烧牛肉面	80	240 mm×270 mm×270 mm	4	8

请为 ABC 配送中心制订本次入库作业计划。

制订入库作业计划，需要先掌握配送中心的库容、设备、人员、货物信息等情况，然后预估所需要的存货空间，做好接货验收前的准备工作，以确保安全准确地将此批货物存入合适的货位。

入库准备工作需要由仓库业务部门、仓库管理部门、设备作业部门分工合作，共同完成。总的来说，其内容包括两个方面：入库作业准备和入库货位分配。

一、入库作业准备

在货物到达仓库前，仓库相关人员需要做好以下几个方面的准备工作。

（一）熟悉入库货物

掌握入库货物的品种、规格、数量、包装状态、单价、体积、到库确切时间、存期、理化特征、保管要求等，以便后续进行精确和妥善的库位分配。

（二）掌握仓库情况

掌握仓库的库容、设备、人员的变动情况，以便安排各项工作。

（三）做好相关人员准备

按照货物的入库时间和到货数量，预先计划并安排好接运、卸货、检验、搬运货物的作业人员。

（四）做好物力准备

根据入库货物的种类、包装、数量等情况及接运方式，确定搬运、检验、计量的方法，配备好所用的车辆、检验器材、度量器和装卸、搬运、堆码、苫垫的工具，以及必要的防护用品用具等。

（五）做好仓位准备

根据入库货物的品种、性能、数量和存放时间等，并结合货物的堆码要求，核算占用仓库的面积，以及进行必要的腾仓、清场、打扫、消毒等工作，准备好验收的场地。

（六）准备好苫垫用品

确定入库货物的堆码形式和苫盖、下垫形式，准备好苫垫物料，做到货物的堆放与苫垫工作在同时间内一次性完成，以确保货物的安全，避免以后的重复工作。

（七）准备好文件单证

预先准备好货物入库所需的各种报表、单证、记录簿等，如入库交接清单、入库单、料卡、残损单等，以备后续使用。

二、入库货位分配

入库货位分配是指把货物分配到最佳的储存位置上。进行入库货位分配，一是为了提高仓库空间利用率；二是为了提高货物保管质量；三是为了方便出入库作业，降低货物的仓储成本。

（一）货位分配的影响因素

货位分配时需要考虑以下几个因素：

（1）货物的特性、外形、体积、重量、价值、质量、供应商。

（2）货物的进货时间及数量。

（3）货物出入库的频率。

（4）储存设备、搬运与输送设备及其他辅助性的物品。

> **知识拓展**
>
> 物品的特性及储存要求：
>
> （1）一般物品：储存在干燥及管理良好的库房内，以满足客户的存取需要。
>
> （2）易燃易爆品：必须在具有高度防护作用的建筑物内安装适当防火隔间并储存在温度较低的阴凉处。
>
> （3）易窃品：必须装在上锁的笼子、箱、柜或房间内。
>
> （4）易腐品：要储存在冷冻、冷藏或其他特殊设备内。
>
> （5）易污损品：可使用帆布罩等覆盖。
>
> （6）怕潮湿和易霉变、易生锈物品：应放在干燥的库房内。

（二）货位分配的分类

1. 定位储存

定位储存具有储位容易被记录、可以根据周转率高低来安排储位以缩短出入库的搬运距离，以及便于按货物的不同特性安排储位来降低货物之间的影响等优点，因此特别适用于手工作业的仓库。其缺点是库容利用率低、需要较大的储存空间，以及货物的储位容量必须大于其可能的最大在库量。

当存在以下情况时，可以考虑定位储存：

（1）多品种、小批量的货物。

（2）重要货物需要存放在重点保管区。

（3）库房空间较大。

（4）根据货物的重量及尺寸安排储位。

（5）不同物理性质和化学性质的货物须控制不同的保管储存条件，或防止不同性质的货物互相影响。

2. 随机储存

随机储存与定位储存相比，可节省更多的移动库存货物的时间，提高储存空间利用率。当出现品种类别少、批量或体积较大的货物，并且库存空间有限的情况时，如需充分利用储存空间，可以考虑随机储存。

随机储存存在以下缺点:

(1) 增加货物出入库管理及盘点工作难度。

(2) 周转率高的货物可能被储存在距离出入口比较远的位置,从而可能增加搬运的工作量和费用。

(3) 如果存放的货物发生物理变化或化学变化,可能影响到相邻存放的货物。

(4) 立体仓库的货物放在上部,若底部空着,易造成高层货架头重脚轻、不稳定。

由于以上特点,随机储存适用于信息化仓库,管理要求比较严格。

3. 分类储存

分类储存是指对所有货物按一定特性加以分类,固定每一类货物的储位,同类货物的不同品种又按照一定的法则来安排储位。由于储位必须按各类货物的最大在库量设计,因此分类储存对储存空间的平均使用效率低于随机储存。

4. 分类随机储存

分类随机储存是指每一类货物都有固定储位,但每一个储位的安排是随机的。因此,分类随机储存兼有定位储存和随机储存的特点。

5. 共同储存

共同储存是指在知道各货物进出仓库的确切时间的前提下,不同货物共用同一个储位。共同储存可以更好地利用储存空间,节省搬运时间。

(三) 货位分配的方式

货位分配的方式有人工分配、计算机辅助分配和计算机全自动分配三种。

1. 人工分配

人工分配是指凭借仓库管理人员的知识和经验对货位进行分配。人工分配货位的优点是可以减少计算机等设备的投入费用,缺点是分配效率低,出错率高,需要大量人力。

2. 计算机辅助分配

计算机辅助分配是指利用图形监控储位管理系统收集货位信息,供货位分配者实时查询,但最终还是由人工下达货位分配指示。

3. 计算机全自动分配

计算机全自动分配是指利用图形监控储位管理系统和各种现代信息技术(条形码扫描器、无线通信设备、网络技术、计算机系统等)收集货位信息,并通过计算机分析后直接完成货位分配工作。

(四) 货位分配的基本原则

1. 根据货物的种类和特点分配货位

分配货位时首先应该考虑货物的种类和特点,并按照区、列、层、格的划分,对货物进行管理,实时掌握每一个货格的状况,做到货位尺寸与货物包装尺寸匹配、货位容量与货物数量接近。

2. 根据先进先出的原则分配货位

"先进先出"是仓储保管的重要原则,能避免货物过期变质。分配货位时要避免后进的货物围堵先进的货物。

3. 根据出入库频率的原则分配货位

分配货位时要把出入库频率高的货物放在方便作业的货位,如靠近主通道的货位。流动性差的货物,可以离出口远一些。

4. 根据同一客户货物邻近的原则分配货位

为了便于统一、集中管理,以及按客户订单分拣、备货,可以将同一客户的货物放在同一区域。

5. 根据同一品种货物邻近的原则分配货位

将同一品种货物放在同一区域的相邻货位。这样,仓库作业人员对于货物保管位置都能熟记于心,有利于货物的存放、查找、盘点和出库。

6. 根据避免影响的原则分配货位

分配货位时要考虑相近货物的情况,防止相近货物互相影响。

7. 根据方便操作的原则分配货位

分配货位时也要考虑到便于装卸搬运,如体积大、笨重的货物,应离装卸搬运作业区最近,以减少搬运作业量;使用货架时,重货放在货架下层,需要人力搬运的重货放在腰部高度的货位。

8. 根据作业量分布均匀的原则分配货位

分配货位时应尽可能避免同行线路上有多项作业同时进行,以免相互妨碍;应尽量实现各货位能同时进行装卸作业,以便提高作业效率。

(五)基于物动量 ABC 分类法的货位分配

物动量 ABC 分类法的原理是"重要的少数,次要的多数",以货物的累计周转量百分比为标准划清货物的主次。物动量 ABC 分类为货物上架储存的安排提供了理论依据。

物动量 ABC 分类步骤如下:

(1)统计每种货物的周转量。
(2)计算货物的累计周转量百分比。
(3)分类。

货物的累计周转量百分比在 70% 以下的划分为 A 类,累计周转量百分比为 70%~90% 的划分为 B 类,累计周转量百分比为 90% 以上的划分为 C 类。

例:将以下货物按物动量 ABC 分类法进行分类,如表 3-2 所示。

表 3-2　货物周转量统计

序号	货物编号	货物名称	周转量/箱
1	A001	美的电水壶	750
2	D001	松下吹风机	451

续表

序号	货物编号	货物名称	周转量/箱
3	B003	戴尔电脑显示器	6 128
4	D002	苏泊尔电磁炉	170
5	A002	美的电饭煲	922
6	W002	西门子微波炉	214
7	S001	金龙鱼芝麻油	188
8	F003	康师傅红烧牛肉面	1 252
9	F004	统一笋干老鸭煲面	822
10	K001	金锣火腿肠	130
11	S002	农夫山泉矿泉水	4 520
12	S003	金龙鱼花生油	217
13	K009	长城干红葡萄酒	462
	合计		16 226

货位分配结果如表 3-3 所示。

表 3-3 货位分配结果

序号	货物名称	周转量/箱	周转量百分比/%	累计周转量百分比/%	分类
3	戴尔电脑显示器	6 128	37.77	37.77	A
11	农夫山泉矿泉水	4 520	27.86	65.63	A
8	康师傅红烧牛肉面	1 252	7.72	73.35	B
5	美的电饭煲	922	5.68	79.03	B
9	统一笋干老鸭煲面	822	5.07	84.10	B
1	美的电水壶	750	4.62	88.72	B
13	长城干红葡萄酒	462	2.85	91.57	C
2	松下吹风机	451	2.78	94.35	C
12	金龙鱼花生油	217	1.34	95.69	C
6	西门子微波炉	214	1.32	97.01	C
7	金龙鱼芝麻油	188	1.16	98.17	C
4	苏泊尔电磁炉	170	1.05	99.22	C
10	金锣火腿肠	130	0.80	100.00	C

知识拓展 　　　　　　存货量的确定

1. 单位仓容定额计算

库场单位面积技术定额 $P_库$ 是指库场地面设计和建造所达到的强度，其值一般为 $2.5\sim3$ t/m²，若是加强型地面，其值为 $5\sim10$ t/m²。

货物单位面积堆存定额 $P_货$ 是指货物的包装及其自身强度所确定的堆高限定。

当 $P_库 < P_货$ 时，$P = P_库$；当 $P_库 > P_货$ 时，$P = P_货$。

例：某电冰箱注明限高为 4 层，每箱底面尺寸为 0.8 m×0.8 m，每箱重 80 kg，存于某仓库，仓库单位面积技术定额为 3 t/m²，则单位仓容定额为多少？

解：$P_货 = 80 \times 4 / (0.8 \times 0.8 \times 1\,000)$
　　　$= 0.5$ （t/m²）
　　$P_库 = 3$ （t/m²）

由于 $P_货 < P_库$，所以单位仓容定额为 0.5 t/m²。

2. 货位存货重量计算

货位存货重量是指所选用的货位能堆存拟安排货物的总重量，即货位的存货能力（用 q 表示）。其计算公式为

$$q = P \times S$$

式中：q——货位存货重量；
　　　P——单位仓容定额；
　　　S——货位占地面积。

例：仓库货位占地面积为 100 m²，单位仓容定额为 0.5 t/m²，则此货位存货重量为多少？

解：$q = 0.5 \times 100$
　　　$= 50$ （t）

此货位存货重量为 50 t。

3. 仓库储存能力计算

仓库储存能力（仅）是指某一仓库或整个库区对特定货物的存放能力。其计算公式为

$$Q = \sum P \times S$$

即仓库储存能力等于仓库各货位存货重量之和。

训练一：货物入库准备作业训练

A 配送中心有一批来自客户 Z 公司的货物需要入库,入库通知单如表 3-4 所示。

表 3-4　Z 公司货物入库通知单

编号：R20210830				计划入库时间：到货当日		
序号	商品名称	数量	单位	包装尺寸	重量/kg	单价/元
1	休闲黑瓜子	20	箱	600 mm×400 mm×220 mm	21	110
2	康师傅方便面	18	箱	595 mm×325 mm×330 mm	3	150
3	大王牌大豆酶解蛋白粉	36	箱	495 mm×395 mm×320 mm	12	420
4	蜂圣牌蜂王浆冻干粉片	30	箱	395 mm×295 mm×275 mm	15	260
5	诚诚油炸花生仁	24	箱	395 mm×245 mm×265 mm	30	180
6	利鑫达板栗	60	箱	330 mm×235 mm×240 mm	32	240
7	金多多婴儿营养米粉	32	箱	295 mm×245 mm×240 mm	6	420
8	长城干红葡萄酒	18	箱	460 mm×260 mm×230 mm	16	300
9	好娃娃薯片	50	箱	400 mm×240 mm×200 mm	2	80

请分析该配送中心需要为这批货物的入库做哪些准备工作。

训练二：物动量 ABC 分类法训练

B 配送中心一个月内主要货物的周转量统计如表 3-5 所示,请运用物动量 ABC 分类法对货物进行分类。

表 3-5　B 配送中心货物周转量统计

货物条码	货物名称	周转量/箱
6932010061921	山地玫瑰蒸馏果酒	20
6920855784129	黄桃水果罐头	3 100
6932010061914	雅比沙拉酱	30
6932010061822	爱牧云南优质小粒咖啡	890
6932010061839	联广酶解可可豆	680
6903148042441	吉欧蒂亚干红葡萄酒	340
6939261900108	好娃娃薯片	90

续表

货物条码	货物名称	周转量/箱
6932010062065	大王牌大豆酶解蛋白粉	5 750
6932010061808	神奇松花蛋	270
6901521103123	诚诚油炸花生仁	260
6931528109163	玫瑰红酒	240
6920855052068	利鑫达板栗	200
6932010061853	乐纳可茄汁沙丁鱼罐头	190
6918010061360	脆香饼干	500
6902774003017	金多多婴儿营养米粉	70
6932010061860	金谷精品杂粮营养粥	180
6917878007441	蜂圣牌蜂王浆冻干粉片	2 210
6932010061945	大牛牛奶	90
6932010061877	华冠芝士微波炉爆米花	130
6932010061884	早苗栗子西点蛋糕	120
6932010061938	梦阳奶粉	90
6932010061891	章鱼小丸子	110
6920907800173	休闲黑瓜子	100
6918163010887	康师傅方便面	90
6932010061952	日月腐乳	90
6932010061815	兴华苦杏仁	1 470
6932010061846	隆达葡萄籽油	400
6932010061969	鹏泽海鲜锅底	90
6932010061976	大厨方便面	70
6932010061907	什锦水果罐头	30

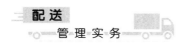

任务二 入库接货

学习任务

任务名称	入库接货	班级		完成时间	
学习目标	1. 知识目标:掌握货物接运的四种方式及步骤。 2. 能力目标:能对不同接运方式进行比较分析,并根据货运要求选择合适的接运方式;能对接运中的差错进行成因分析及处理。 3. 素质目标:树立效率意识、成本意识和责任意识。				
任务发布	1. 接运的步骤有哪些? 2. 接运的方式有哪些? 3. 接运中的差错应如何处理?				
任务实施	1. 小组成员共同学习了解不同的接运方式,并熟悉本次要接运货物的情况。 2. 组队分工,制订计划,明确任务。 3. 按计划和分工实施任务。 4. 各组员交流学习成果,整合知识。				
组员及分工情况	小组名称			组长	
	组　　员				
	任务分工				

根据入库通知单要求,配送中心需要到当地的转运站接运 80 箱康师傅红烧牛肉面。

请为配送中心制订本次接货计划,并安排车辆完成货物接运工作。

制订接货计划前,需要了解接运的步骤、方式及差错处理办法等。

不同货物到达仓库的形式不同，除了一小部分由供货单位直接运到仓库交货外，大部分需要经过铁路、公路、水路、航空等运输方式转运。凡是经过运输部门转运的货物，均须经过仓库接运后，才能进行入库验收。

货物的接运步骤如图3-1所示。

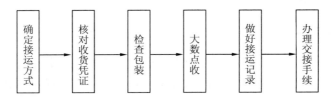

图3-1 货物的接运步骤

一、确定接运方式

货物接运方式有到车站、码头等提取货物，到供货单位提取货物，库内接货和铁路专用线到货接运四种。

（一）到车站、码头等提取货物

到车站、码头等提取货物是指由外地托运单位委托铁路、水路、民航等运输部门或邮局代运或邮递货物到达本埠车站、码头、航站楼、邮局后，仓库依据货物通知单派车提运货物的作业活动。此外，在接受货主的委托，代理完成提取货物、末端送货的情况下也会发生到车站、码头等提取货物的作业活动。这种到货提运方式大多适用于零担托运、到货批量较小的货物。

（二）到供货单位提取货物

到供货单位提取货物是指仓库接受货主委托直接到供货单位提货的一种方式。采用这种方式时应将接货与验收工作结合起来进行。仓库应根据提货通知，了解所提取货物的性能、规格、数量，准备好提货所需要的机械、工具、人员。最好在供货人员在场的情况下，当场进行验收。

（三）库内接货

库内接货通常是托运单位与仓库在同一城市或距离较近，不需要长途运输时被采用。当存货单位或供货单位将货物直接运送到仓库时，保管人员或验收人员直接与送货人员办理交接手续，当面验收并做好记录。若有差错，应填写记录，由进货人员签字证明，据此向有关部门提出索赔。

（四）铁路专用线到货接运

铁路专用线到货接运是指仓库备有铁路专用线接运大批整车或零担到货的一种方式。一般铁路专用线都与公路干线联合，在这种联合运输形式下，

铁路承担主干线长距离的运输任务，汽车承担直接面向收货方的短距离的运输任务。

二、核对收货凭证

到达接运站后，仓库接运人员首先要检验收货凭证，然后将收货凭证所列的收货单位及货物名称、规格、数量等具体内容与货物的各项标志核对。如发现错误，应当做好记录，退回或另行存放，待联系后再做处理。经复核无误后可进行下一道工序。

三、检查包装

要对每件货物的包装和标志进行认真查看。检查包装是否完整、牢固，有无破损、受潮、水渍、油污等异状，尤其是易碎物品、危险品或液体物品，需要查看是否有泄漏、玷污等情况。如果发现异状包装，必须单独存放，并打开包装，详细检查内部货物有无短缺、破损和变质，确保接运货物的安全。

四、大数点收

大数点收是按照货物的大件包装（运输包装）进行数量清点。大数点收的方法有两种：一是逐件点收汇总；二是集中堆码点收。

大数点收时应注意以下事项：

（1）件数不符。在大数点收过程中，如发现件数与通知单据所列不符，经复点确认后，应立即在送货单各联上批注清楚，并按实际件数签收，由接运人员和承运人员共同签章。之后，将查明短少货物的名称、规格和数量通知运输部门、发货单位和货主。

（2）包装异状。接运中如发现货物包装有异状，接运人员应会同承运人员开箱、拆包检查，若查明确有残损或细数短少等情况，应由承运人员出具货物异状记录，或者在送货单据上注明。同时，异状货物要另行存放，不要与同类货物混杂在一起。如货物包装损毁严重，不能修复，并且无法保证储存货物的安全，应联系货主或供货单位派人协助整理。

（3）货物串库。在点收接运货物时，如发现货物与单据不符，有部分货物错送来库的情况（俗称串库），接运人员应将这部分货物另行堆放，并交由运输部门人员处理。

（4）货物异状或损失。接运时若发现货物异状或损失，经双方共同清点，确认情况属实后，应按章程索赔，同时要妥善保管有关凭证。

五、做好接运记录

在接运过程中发现或发生的差错，如错发、混装、漏装、丢失、损坏、受潮、污损等，有的是发货方造成的，有的是承运方造成的，也有的是在接运短途运输装卸中自己造成的。这些差错中，除了不可抗拒的自然灾害或货物本身性质引起的外,其他所有差错均应向责任者提出索赔。因此,在完成货物接运过程的同时,对每一步骤都应有详细的记录。

接运记录要详细列明接运货物到达、接运、交接等各个环节的情况,分清责任,追踪有关资料,促进验收、索赔、交涉等工作的顺利进行。货物接运记录单如表3-6所示。接运工作全部完成后,应将所有接运资料分类输入计算机系统,以备复查,同时要保管好原始资料。

表 3-6 货物接运记录单

编号				时间			
品名	货物基本信息			接运信息			接运责任人	
	单价	数量	规格	接运方式	接运时间	安排储位	姓名	备注
审核人					经办人			

六、办理交接手续

经过上述工序后,就可以与承运人员办理货物交接手续。交接手续通常由仓库接运人员在运单上签名盖章表示货物收讫。如果上述程序出现差错或货物出现异状等情况,那么必须在运单上详细注明或由接运人员出具差错、异状记录,详细写明差错的数量、破损情况等,以便与运输部门分清责任,并作为后续查询和处理的依据。

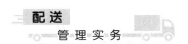

任务三 入库验收

 学习任务

任务名称	入库验收		班级		完成时间	
学习目标	1. 知识目标：了解入库验收的基本要求；熟悉验收准备的内容；掌握验收的内容及方法。 2. 能力目标：能正确进行货物数量、质量、包装的检验；能及时发现并正确处理验收中的问题。 3. 素质目标：树立效率意识、成本意识和责任意识。					
任务发布	1. 验收的步骤有哪些？ 2. 验收准备工作有哪些？ 3. 如何进行凭证的核对？ 4. 如何进行数量、质量、包装的验收？ 5. 如何对验收中发现的问题进行处理？					
任务实施	1. 组队分工，制订计划，明确任务。 2. 按计划和分工实施任务。 3. 各组员交流学习成果，整合知识。					
组员及分工情况	小组名称				组长	
	组　　员					
	任务分工					

表 3-1 中的四种货物到达配送中心后，请对四种货物进行验收，并做好货物入库前的分拣和理货工作。

要做好货物入库验收工作，就要清楚货物入库验收的步骤，包括验收前的准备、凭证的核对、实物的检验及做好验收记录等。

货物入库验收的基本要求是及时、准确、严格、经济，货物入库验收是仓库把好"三关"（入库、保管、出库）的第一道关。货物入库验收的步骤如图 3-2 所示。

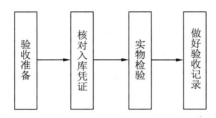

图 3-2　货物入库验收的步骤

一、验收准备

验收准备是货物入库验收的第一步。仓库接到到货通知后，应根据货物的性质和批量提前做好验收的准备工作，如全面了解货物的性能、特点和数量；准备堆码苫垫所需材料和装卸搬运机械、设备及人力；准备相应的检验工具；收集和熟悉验收凭证及有关资料；进口货物或上级业务主管部门指定需要检验质量的货物，应通知有关检验部门会同验收；等等。

二、核对入库凭证

货物到达仓库时，仓库验货人员要再次核对凭证，只有对所有凭证逐一核对后，才能进入下一步的实物检验。

入库凭证包括业务主管部门或货主提供的入库通知单和仓储合同副本，这是仓库接收货物的凭证；供货单位提供的供货商单证；货物承运单位提供的运单。在货物入库前，如果发现有货物残损情况，还要有承运单位提供的货运记录或普通记录，作为向责任方交涉的依据；如果发现有证件不齐或不符等情况，要与存货、供货单位及承运单位和有关业务部门及时联系解决。

供货商单证主要包括送货单、装箱单、磅码单、原产地证明等。

送货单由供货商开具，是签收货物的重要凭证，一般可分为单联、两联、三联或多联，不同行业的送货单格式略有不同。

装箱单、磅码单是商业发票的一种补充单据，它们是一种详细说明货物的不同包装规格条件、不同花色和不同重量的列表单据，是仓库收货时核对货物的品种、花色、尺寸、规格的主要依据。

原产地证明用以证明货物的生产国别，进口国海关凭此核定应征收的税率。在我国，普通产地证可由出口商自行签发，或由海关总署签发，或由中国国际贸易促进委员会签发。在实际业务中，应根据买卖合同或信用证的规定，提交

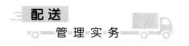

相应的原产地证明。

三、实物检验

检验货物是仓储业务中的一个重要环节，包括数量检验、质量检验和包装检验三方面的内容，即复核货物数量是否与入库凭证相符，货物质量是否符合规定，货物包装能否保证货物在储存和运输过程中的安全。

（一）数量检验

数量检验是保证货物数量准确的不可缺少的措施。数量检验一般在质量检验之前，由仓库保管职能机构组织进行。

按货物性质和包装情况，数量检验有三种方法，即计件法、检斤法、检尺求积法。

1. 计件法

计件是指按件数供货或以件数为计量单位的货物，在做数量检验时的清点件数。计件货物应全部清查件数（带有附件和成套的机电设备须清查主件、部件、零件和工具等）。对于固定包装的小件货物，如包装完好，而打开包装又对保管不利的，国内货物可采用抽验法，按一定比例开箱点件验收，可抽验内包装 5%～15%；其他货物只检查外包装，不拆包检查。贵重货物应酌情提高检验比例或全部检验；进口货物则按合同或惯例办理。

2. 检斤法

检斤是指对按重量供货或以重量为计量单位的货物，在做数量检验时的称重。货物的重量一般有毛重、皮重、净重之分。毛重是指货物重量包括包装重量在内的实重；皮重是指包装重量；净重是指货物本身的重量，即毛重减去皮重。我们通常所说的货物重量多指货物的净重。

金属材料和某些化工产品多半采用检斤法验收。按理论换算按重量供应的货物，首先要检斤，如金属材料中的板材、型材等，然后按规定的换算方法换算成重量验收。

3. 检尺求积法

检尺求积是指对以体积为计量单位的货物，如木材、竹材、沙石等，先检尺、后求体积所做的数量检验。

凡是经过数量检验的货物，都应该填写磅码单。在做数量检验之前，还应根据货物来源、包装好坏或有关部门规定，确定对到库货物是采用抽验方式还是全验方式。

（二）质量检验

质量检验是检验货物质量是否符合规定的工作。

1. 外观质量检验

外观质量检验是指通过人的感觉器官检查货物外观质量的检查过程，主要检查货物的自然属性是否因物理反应及化学反应而发生负面的改变，是否受潮、玷污、腐蚀、霉烂等；检查货物包装的牢固程度；检查货物有无损伤，如撞击、变形、破碎等。对于在外观质量检验过程中发现有严重缺陷的货物，要单独存放，防止混杂，等待处理。凡是经过外观质量检验的货物，都应该填写"检验记录单"。

外观质量检验的基本要求：凡是通过人的感觉器官检验，就可以决定货物质量的，由仓储业务部门自行组织检验，检验后做好货物的检验记录；对于一些特殊货物，则由专门的检验部门进行化验和技术测定。检验完毕后，应尽快签返验收入库凭证，不能无故积压单据。

2. 内在质量检验

内在质量检验是指对货物的内容进行检验，包括对物理结构、化学成分、使用功能等进行鉴定。内在质量检验由专业技术检验单位进行，检验后由其出具检验报告说明货物内在质量。

（三）包装检验

包装检验通常在接运时已经进行了一遍，但为保证货物储存的安全性，在入库验收时还要进行一次。首先是查看包装有无水湿、油污、破损等。其次是查看包装是否符合有关标准要求，包括选用的材料、规格、制作工艺、标志、打包方式等。另外，对包装材料的干湿度也要进行检验，包装材料的干湿度是指包装材料中含水量的多少，它对货物的内在质量会产生一定影响。对于包装材料的干湿度，可利用测湿仪进行测定。当需要开箱拆包检验时，一般应有两人以上在场同时操作，以明确责任。

四、做好验收记录

对于已验收入库的货物，要从型号、规格、质量、数量等方面做好详细的验收记录，并做出验收的结论和处理意见。

在货物入库验收过程中，如果发现货物数量或质量存在问题，应该严格按照相关制度进行处理。货物入库验收过程中发现的数量和质量问题可能发生在各个流通环节，可能是供货方或交通运输部门造成的，也可能是收货方本身的工作失误造成的。按照有关规章制度对问题进行处理，有利于划清各方的责任，并促使有关责任部门吸取教训，改进今后的工作。

在对货物入库验收过程中发现的问题进行处理时，应该注意以下几个方面：

（1）验收中发现问题等待处理的货物，应该单独存放，妥善保管，防止混杂、丢失、损坏。

（2）数量短缺但在规定磅差范围内的，可按原数入账；超过规定磅差范围的，应做好验收记录，和货主一起与供货单位交涉。实际数量多于应发数量的，可由主管部门向供货单位退回多发的货物，或补发货款。

（3）质量不符合规定时，应及时与供货单位交涉办理退货、换货，或征得供货单位同意代为修理，或在不影响使用的前提下做降价处理。规格不符或错发时，应将规格相符的货物入库，同时对规格不符的货物做出验收记录并将其交给主管部门办理换货。

（4）证件未到或不齐的，应及时向供货单位索取。到库货物应作为待验收货物堆放在待验区，待证件到齐后再进行验收。证件到齐之前，不能验收，不能入库，更不能发货。

（5）属于承运部门造成的货物数量短少或包装严重残损等的，可凭接运提货时索取的"货运记录"向承运部门索赔。

（6）如遇价格不符，对于供货方多收取的费用，应予以拒付；对于供货方少收取的费用，经过检查核对后，应主动联系供货方，及时更正。

（7）入库通知单或其他单证已到，但在规定的时间内未见到货物到库的，应及时向有关部门反映，以便查询处理。

拓展提升

Z公司货物（见任务一中的表3-4）入库时，配送中心需要做哪些验收准备工作？如何对该批货物进行验收？

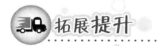

任务四　入库上架

学习任务

任务名称	入库上架	班级		完成时间	
学习目标	1. 知识目标：熟悉托盘堆码的方式；掌握叉车搬运的操作规范；认识货架的结构及功能。 2. 能力目标：能根据要求进行不同方式的堆码；能正确熟练使用叉车进行货物搬运；能比较分析不同货架的优缺点并为货物选择合适的货架。 3. 素质目标：树立效率意识、成本意识和责任意识。					
任务发布	1. 托盘堆码的方式是什么？ 2. 使用叉车时有哪些注意事项？ 3. 不同类型货架的结构和功能如何？					
任务实施	1. 组队分工，了解货物的包装尺寸、叉车的使用规范、货物上架储位。 2. 确定货物的堆码方式。 3. 角色分配，进行货物的码盘、搬运和上架作业。 4. 各组员交流学习成果，整合知识。					

组员及分工情况	小组名称		组长	
	组　　员			
	任务分工			

任务情境

请对表 3-1 中的货物进行入库上架作业。

任务分析

进行入库上架作业前，需要熟悉货物堆码的方式及上架存放的原则，以及需要了解实际作业过程中所运用的设备，如搬运设备、存储设备等。

任务实施

货物特性、存放要求及货架类型不同，入库上架的流程也会有所不同，这里我们主要学习最常见的托盘货架区入库上架的作业流程。

一、托盘堆码

托盘堆码是指把货物按照一定的方式码放在托盘上，将整托货物和托盘绑定，形成一个托盘货物单元的作业，俗称码盘。此种堆码方式在物流领域已经非常普及。在仓库货架托盘存放区及平置库内，用托盘直接堆垛时都需要进行码盘作业。

（一）托盘堆码的方式

码盘作业时，需要根据货物的类型、托盘所载货物的质量和托盘的尺寸，合理确定货物在托盘上的码放方式。托盘的承载表面积利用率一般应不低于80%。对托盘货物的码放有以下要求：

（1）木质、纸质和金属容器等硬质直方体货物单层或多层交错码放，用拉伸或收缩膜包装。

（2）纸质或纤维质货物单层或多层码放，用捆扎带"十字"封合。

（3）密封的金属容器等圆柱体货物单层或多层码放，用木质货盖加固。

（4）须进行防潮、防水等防护的纸制品、纺织品货物单层或多层交错码放，用拉伸或收缩膜包装或增加角支撑，或者给货物盖隔板等加固结构。

（5）易碎货物单层或多层码放，增加木质支撑隔板结构。

（6）金属瓶等圆柱容器或货物单层垂直码放，增加货框及板条加固结构。

（7）袋类货物多层交错压实码放。

（二）托盘堆码的机械工具

托盘堆码往往需要高强度的人力劳动，适合这个岗位的人员相对比较缺乏，特别是在酷热环境中，大量消耗人的体力。而采用码垛机器人，既能减少劳动力、降低运营成本，又能提高工作效率。

作为码垛机器人的重要组成部分，机械手，即码垛机器人的末端执行器，在托盘堆码作业中发挥了重要作用。常见的机械手有吸附式手爪、夹板式手爪、抓取式手爪、组合式手爪。

1. 吸附式手爪

吸附式手爪主要为真空吸附式机械手爪。真空吸附式机械手爪主要适用于可用吸盘吸取的货物的码放，如覆膜包装盒、啤酒箱、塑料箱、纸箱等。其被广泛应用于医药、食品、烟酒等行业。另外，对于具有导磁性的货物，可采用磁力吸盘吸附。吸附式手爪如图3-3所示。

图3-3 吸附式手爪

图3-4 夹板式手爪

2. 夹板式手爪

夹板式手爪是码垛过程中最常用的一种手爪，常见的有单板式手爪和双板式手爪。夹板式手爪加持力度较吸附式手爪大，并且两侧板光滑，不会损伤码垛货物外观质量，而且单板式手爪与双板式手爪的侧板一般都会有可旋转爪钩。此类手爪主要用于整箱或规则盒装包装货物的码放，可用于各种行业。夹板式手爪如图3-4所示。

3. 抓取式手爪

抓取式手爪可灵活适应不同形状袋装货物的码放，如面粉、饲料、水泥、化肥等。抓取式手爪如图3-5所示。

4. 组合式手爪

组合式手爪是通过组合上述几种手

图3-5 抓取式手爪

爪而获得各单组手爪优势的一种手爪，灵活性较大，各单组手爪既可单独使用又可配合使用。例如，组合式码垛机器人可用抓取式手爪抓取托盘、用吸附式手爪抓取层垫、用夹板式手爪抓取货物，做到了高度的灵活性，可同时满足多个工位货物的码放。

二、货物搬运

（一）搬运设备

货物搬运设备主要有手动液压叉车（图 3-6）、手动液压堆高车（图 3-7）、平衡重式叉车（图 3-8）、侧面式叉车（图 3-9）等。

图 3-6　手动液压叉车

图 3-7　手动液压堆高车

图 3-8　平衡重式叉车

图 3-9　侧面式叉车

（二）叉车的安全操作规范

这里以平衡重式叉车为例介绍叉车的安全操作规范。

1. 对驾驶员的基本要求

（1）驾驶员必须经过专业培训，取得质量技术监督部门颁发的特种设备作业人员证，并经考核合格后，方能进行叉车驾驶，严禁无证驾驶。

（2）正确戴好口罩及安全帽，严禁酒后驾驶，行驶中不得饮食、闲谈、接打电话、听音乐、东张西望。

叉车的安全操作规范和注意事项

2. 检查车辆并填写检查记录表

（1）检查起落装置、门架及液压系统的工作情况是否正常，有无液压油渗漏现象。

（2）检查前后灯、转向灯、后视镜、喇叭、刹车等安全附件是否完好。

（3）检查轮胎、车辆外观情况，检查燃料系统管道、接头是否完好。

（4）填写叉车使用前检查记录，一旦在检查中发现问题，应立即报告叉车管理人员进行处理。

（5）不论是例行检查，还是排除故障，货叉下均禁止人员停留；检查内部散热系统时，禁止在车辆发动的情况下徒手触摸风扇等转动部位。

3. 起步

（1）驾驶员上车后，调整座椅至舒适位置，系好安全带。

（2）起步前，观察四周，确认车前后无人、物等障碍后，按喇叭起步；特别是装载货物时，若视线被货物挡住，周围状况不易掌握，应在确认没有人及货物放置后再起步。

（3）载物起步时，应确认载物平稳可靠、没有物料泄漏；发现载物不稳或漏料时，须将载物重新堆放平稳或封堵后才可起步。

（4）缓慢平稳起步。

4. 行驶

（1）遵守限速规定，在厂内道路上行驶时，车速不得超过 5 km/h；在转弯、拐角、十字路口处及倒车和出入门口时，须按喇叭并减速至 3 km/h 以下；在潮湿路面上，车速不得超过 3 km/h；严禁超速行车，以保证安全。

（2）载物高度不得遮挡驾驶员视线，当载物高度影响前行视线时，倒车速度应不超过 3 km/h。

（3）行驶时，货叉底端距地高度应为 150~200 mm，门架要略后倾。

（4）行进中，不允许升高或降低货物，不得急刹车。

（5）转弯时，应按喇叭后减速行驶。严禁急转弯，否则叉车容易失去横向稳定而倾翻。

（6）行驶时，叉车必须与前面的车辆保持安全距离。

（7）叉车行驶应缓慢平稳，注意车轮不要碾压货物垫木，以免碾压物弹起伤人。

（8）行驶中发现问题及时上报检修，禁止驾驶员带病作业和隐瞒不报。

（9）叉车上禁止搭乘驾驶员以外的人员。

（10）驾驶员驾驶叉车时应遵循互让原则及注意避让行人。

（11）行驶中撞坏物品要照价赔偿。

5. 码垛

（1）叉货物时，应按需要调整两货叉间距，使其负荷均衡，不得偏斜；货叉须全部插入垫板，并使货物均匀地放在货叉上，不许用单个货叉尖挑物；搬运货物不应超载。

（2）码垛前，观察是否有人站在垛旁；若有人，则应立刻要求其离开，以免升降货物倒塌伤人。

（3）门架稍微后倾来稳定垫板，放下垫板时，门架少量前倾，以利于货叉抽出。

（4）码垛第二层时，检查第一层是否平稳，确保第一层平稳后才可码垛第二层。

（5）上班前、上班中、下班前至少三次自查码垛情况，发现倾斜及时纠正，达到横平竖直标准。

（6）码垛时，应依照垛区定置线整齐堆放，禁止阻塞消防器材取用通道。

（7）禁止货物堆垛阻塞逃生通道及安全出口。

（8）因垛倒塌撞坏物品要照价赔偿。

6. 叉车停放

（1）禁止货叉上货物悬空而人员离开，将货物卸下或放置在地面上后，方可离开。

（2）叉车应停放在指定位置，货叉贴地，待发动机怠速运转 2~3 min 后熄火，熄火后拉紧手刹。

（3）人员离开叉车须熄火并拔下钥匙，防止没有驾驶资格的人员驾驶。

（4）将叉车擦拭吹扫干净，进行日常例行保养。

7. 叉车加油

（1）叉车须熄火后才可加油，严禁在加油中启动。

（2）加油时，不准检修和调试发动机，不准在注油容器附近进行锤击磨削。

（3）雷雨天气禁止加油。

（4）叉车周边 10 m 范围内有动火作业时禁止加油，待动火作业停止后方可加油。

（5）加油时，人员要时刻观察加油情况。

8. 意外处置

（1）发生意外时，应平稳停车，禁止任何操作，了解情况后立即处理。

（2）叉车翻车时，千万不能跳车，应紧紧抱住方向盘。

三、货物上架

利用叉车根据预先分配的货位完成入库上架作业。

（一）货架的种类

货架的种类主要有重力式货架（图 3-10）、悬臂式货架（图 3-11）、移动式货架（图 3-12）、阁楼式货架（图 3-13）、抽屉式货架（图 3-14）、旋转式货架（图 3-15）、驶入驶出式货架（图 3-16）、托盘式货架（图 3-17）等。

图 3-10　重力式货架　　　　　图 3-11　悬臂式货架

图 3-12　移动式货架　　　　　图 3-13　阁楼式货架

 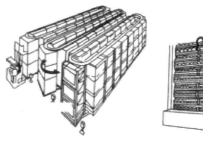

图 3-14　抽屉式货架　　　　　图 3-15　旋转式货架

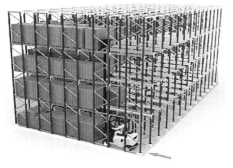

图 3-16　驶入驶出式货架

图 3-17　托盘式货架

（二）常用货架的结构及功能特点

常用货架的结构及功能特点如表 3-7 所示。

表 3-7　常用货架的结构及功能特点

货架类型	货架结构	功能特点
重力式货架	货位与水平面成一定的倾斜角度，低端作为出货端，而高端作为入货端	1. 能够大规模密集存放货物，减少了通道数量，可有效节约仓库面积 2. 能保证先进先出，方便拣货 3. 出货端和入货端分离，能提高作业效率和作业的安全性 4. 货架可根据需要设计成适合托盘、纸箱、单件货物储存的结构和形式
悬臂式货架	由在立柱上装设悬臂构成，悬臂可以是固定的，也可以是移动的，其尺寸一般根据所存放货物的尺寸确定	1. 悬臂式货架为开放式货架，须配合跨距较宽的存取设备使用 2. 为防止货物损伤，悬臂上可加木质或橡胶衬垫起保护作用
移动式货架	底部装有滚轮，开启控制装置后，滚轮可沿轨道滑动	1. 货架平时密集相接排列，存取货物时通过手动或电力驱动装置使货架沿轨道水平移动，形成通道，可大幅度减少通道面积 2. 配备的机电装置较多，建造成本较高，维护也较困难
阁楼式货架	利用钢架和楼板将储存空间分割为上下两层，下层货架结构支撑上层楼板	1. 有效提高了空间利用率，通常上层存放轻型货物 2. 上层不适合采用重型搬运设备，上层货物存取须配垂直输送设备
抽屉式货架	按存放货物重量可分为重型货架和轻型货架	1. 结构简单，实用性强，可提高空间利用率，是人工作业仓库的主要存储设备 2. 主要用于存放规格多样、需要分开放置的货物
托盘式货架	钢制结构，通过立柱和横梁等构件联结起来，可按货物堆码的高度，任意调整横梁位置	1. 结构简单，可调整组合，费用低 2. 储存托盘货物，可配合叉车使用

续表

货架类型	货架结构	功能特点
驶入驶出式货架	钢制结构，货架两边钢柱上有水平凸出的悬轨，叉车将托盘送入，由货架两边的悬轨托住托盘及货物	1. 高密度配置 2. 库容利用率高达90%以上 3. 适用于存放大批量、少品种货物 4. 不适合存放严格要求先进先出的货物

（三）货物入库上架存放的基本原则与操作说明

货物入库上架存放的基本原则与操作说明如表3-8所示。

表3-8 货物入库上架存放的基本原则与操作说明

基本原则	操作说明
面向通道	为方便货物在仓库内移动、存取，须将货物面向通道存放
分层堆放	为提高仓库利用率及保证作业安全，应尽量使用货架分层存放
先进先出	为防止货物长期存放而变质、损毁、老化，尤其是食品、药品、感光材料，应遵循先进先出原则
周转率对应	进出频率高的货物应存放在靠近仓库进出口的位置
同一性	同类货物存放在相同或相邻位置
相似性	相似货物存放在相邻位置
重量对应	重货存放在地面或货架底层，轻货存放在货架上层
形状对应	根据货物形状确定其存放位置和存放方法，标准化包装货物一般存放在货架上
明确标示	分区、货架、货位应清楚标示，以便作业人员快速找到货物位置，提高作业效率
搬运活性	为减少作业时间和次数，提高仓库周转速度，根据货物作业要求，合理选择货物的搬运活性
五五堆放	以五或五的倍数在固定区域内堆放货物，使货物"五五成行，五五成方，五五成包，五五成堆，五五成层"，堆放横竖对齐，上下垂直，过目知数，流动后零头尾数要及时合并，方便货物的数量控制和清点盘存

知识拓展 自动化立库上架作业流程

　　自动化立库上架由一系列自动化作业完成。首先，上架人员把货物放在输送系统入口，由输送系统将货物运输到入库台。然后，条码识别系统对货物进行扫描识读，条码标签携带的信息被读入并被传递给中央服务器后，控制系统根据中央服务器返回的信息判断是否入库及确认货位坐标；当确定入库时，控制系统发送包含货位坐标的入库指令给执行系统。最后，堆垛机通过自动寻址，将货物存放到指定货格。

完成入库上架作业后，堆垛机向控制系统返回作业完成信息，并等待接收下一个作业命令。控制系统同时把作业完成信息返回给中央服务器数据库进行入库管理。

思考：

自动化立库上架作业和传统货物上架作业相比存在哪些优势？

学习评价

评价点	分值	个人自评（占30%）	小组评价（占30%）	教师评价（占40%）	得分	总分
能否根据实际情况做货物入库准备	10					
能否运用物动量ABC分类法对货物进行分类	10					
能否熟悉货物的不同接运方式	10					
能否进行接运差错分析及处理	10					
能否对货物进行正确的入库验收	10					
能否掌握托盘堆码的方式	10					
能否正确使用叉车	10					
能否正确辨认货架类型	10					
拓展提升完成情况及规范性	10					
在团队合作中的表现	10					

项目检测

一、单选题

1. 下列货物，入库数量检验时适宜采用检尺求积法的是（　　）。
   A. 汽车　　　　　B. 木材　　　　　C. 电冰箱　　　　D. 小麦

2. 下列货物，入库质量检验时适合于抽验的是（　　）。
   A. 珠宝等贵重货物　　　　　　B. 机械设备
   C. 袋装牛奶　　　　　　　　　D. 都不是

3. 如对沙石进行数量检验，应采用的方法是（　　）。
   A. 计件法　　　B. 检斤法　　　C. 检尺求积法　　D. 尺寸检验法

4. 利用图形监控储位管理系统，收集货位信息并显示货位的使用情况，供货位分配者实时查询，为货位分配提供参考，最终还是由人工下达货位分配指示的是（　　）。
   A. 人工分配　　　　　　　　　B. 计算机辅助分配
   C. 计算机全自动分配　　　　　D. 都不是

5. 下列不属于定位储存缺点的是（　　）。
   A. 库容利用率低
   B. 需要较大的储存空间
   C. 货物的储位容量必须大于其可能的最大库存量
   D. 货物的储位容量必须小于其可能的最大库存量

6. 适用于信息化仓库，管理要求比较严格的是（　　）。
   A. 定位储存　　　B. 随机储存　　　C. 分类储存　　　D. 共同储存

7. 叉车行驶时，货叉底端距地高度为（　　）。
   A. 100～200 mm　　B. 100～150 mm　　C. 150～200 mm　　D. 200～300 mm

二、多选题

1. 入库前的准备工作有（　　）。
   A. 做好相关人员准备　　　　　B. 做好物力准备
   C. 做好仓位准备　　　　　　　D. 准备好文件单证

2. 入库验收工作的基本要求为（　　）。
   A. 准确　　　　B. 及时　　　　C. 严格　　　　D. 经济

3. 货位分配的影响因素有（　　）。
   A. 货物的特性、外形、体积、重量、价值、质量、供应商
   B. 货物的进货时间及数量
   C. 货物出入库的频率
   D. 储存设备、搬运与输送设备及其他辅助性物品

4. 货位分配的方式有（　　）。
   A. 人工分配　　　　　　　　　B. 人工辅助计算机分配

C. 计算机辅助分配 D. 计算机全自动分配
5. 当需要储存的货物有（　　）的特征或要求时，可以考虑定位储存。
A. 多品种小批量 B. 少品种、大批量
C. 库房空间较大 D. 库房空间较小
6. 货物的接运方式有（　　）。
A. 到车站、码头等提取货物 B. 到供货单位提取货物
C. 库内接货 D. 铁路专用线到货接运

三、判断题

1. 分类储存对储存空间的平均使用效率高于随机储存。（　　）
2. 先进先出是仓储保管的重要原则，能避免货物过期变质。（　　）
3. 有持续入库或出库要求的货物，应安排在靠近出口的货位，方便出入。
（　　）
4. 安排货位时应尽可能使同行线路上有多项作业同时进行，提高作业效率。
（　　）
5. 库内接货通常在长途运输时被采用。（　　）
6. 接运过程中发生或发现的差错，都是承运方造成的。（　　）
7. 入库验收作业中，必须对所有凭证逐一核对相符后，才能进入下一步的实物检验。（　　）
8. 叉车起步前，驾驶员应观察四周，确认前后无人、物等障碍后，按喇叭起步。（　　）
9. 叉车行进中，可以升高或降低货物，但不得急刹车。（　　）

项目四

在库作业

> 项目提要

本项目旨在让学生对配送的在库作业环节有一个基本的认识,重点是学会商品的养护知识,能完成盘点操作,能保障仓储安全。其中,任务一主要是让学生学会货位编码的方法,能对货位进行管理,能进行货物的堆垛和苫垫;任务二主要是让学生学会仓库空气温湿度管理和特殊情况下的商品养护;任务三主要是让学生学会盘点的基本方法并能解决商品盘点差异;任务四主要是让学生掌握仓储安全技术,在日常生产工作中有效地保护自身和他人安全。学生通过对这些内容的学习,可以对在库作业有一个初步的认识,并为后续项目的学习打下基础。

知识结构图

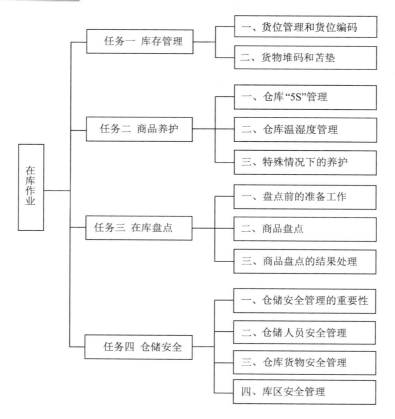

任务一

库 存 管 理

学习任务

任务名称	库存管理	班级		完成时间	
学习目标	1. 知识目标：了解货位的存货方式；掌握货物编码的常用方法；明晰货位管理的作用；归纳货物堆码的基本原则；熟悉货物堆码和苫垫的方法。 2. 能力目标：能根据货物的特征安排货位；能熟练进行货位分区、分位和编码；能根据实训要求选择适当的堆码和苫垫方法。 3. 素质目标：树立良好的服务意识，不断提高对设备的管理能力和应用能力；培养积极、主动的团队协作意识。				

项目四 在库作业

任务发布	1. 货位的存放方式有哪些？ 2. 货物的储存区有哪几种？ 3. 货位编码的方法有哪些？ 4. 货物堆码的基本方法有哪些？ 5. 什么是货物苫垫？			
任务实施	1. 组队分工，制订计划，明确任务。 2. 按计划和分工实施任务。 3. 各组员交流学习成果，整合知识。			
组员及 分工情况	小组名称		组长	
	组　员			
	任务分工			

任务情境

2023年8月20日，ABC配送中心收到一批货物，如表4-1所示。

表4-1 货物接收单

序号	货物代码	货物名称	规格	纸箱规格	单位	数量
1	6920559928001	荷兰橄榄油	520 mL/瓶	500 mm×400 mm×220 mm	箱	24
2	6920559928002	荷兰橄榄油	550 mL/瓶	500 mm×400 mm×220 mm	箱	50
3	6920559928003	荷兰橄榄油	480 mL/瓶	600 mm×300 mm×220 mm	箱	18
4	6920559928004	零度可口可乐	250 mL/瓶	600 mm×300 mm×200 mm	箱	16
5	6920559928005	农夫山泉矿泉水	250 mL/瓶	600 mm×300 mm×200 mm	箱	25
6	6920559928006	海飞丝洗发水	500 mL/瓶	600 mm×400 mm×200 mm	箱	32
7	6920559928007	力士玫瑰浴液	500 mL/瓶	600 mm×300 mm×200 mm	箱	14
8	6920559928008	金鱼洗涤灵	250 mL/瓶	600 mm×300 mm×200 mm	箱	12

要求对货物进行货位编码、堆垛和货位管理。请问应该如何处理？

任务提示

要想完成以上任务，必须清楚货物的存放原则和方法，为货物安排合理的货位，明确货物堆垛和苫垫的技能点。

一、货位管理和货位编码

(一) 货位的存货方式

货位的存货方式可分为固定型存放和流动型存放两种。

固定型存放是一种利用信息系统事先对货架进行分类、编号,并贴附货架代码,对各货架内装载的货物事先加以确定货位的存货方式。在固定型存放方式下,各货架内装载的货物是一致的,每一货位的容量都应该大于在该货位存放的货物的最大在库量,否则会出现货位不足、货物不能及时入库的情况。

流动型存放是指所有货物按顺序摆放在空的货架内,不事先确定各类货物专用的货架的存货方式。由于各货架内装载的货物是不断变化的,所以在变更货物登记时出错的可能性较高。

(二) 不同储存区的管理

1. 预备货区的管理

在预备货区,管理的内容包括对货物进行标志、分类,并依据需求情况,将货物整齐地存放在货位上。该货区的管理要突出"暂存"的作业特点。因此,货位要明确,货物流动要通畅,以缩短寻货、送货时间。预备货区的管理一般采用目视和颜色管理相结合的方式。

2. 保管货区的管理

保管货区作业要点如下:

(1) 保管货区只存放验好的货物,因此待验与验好的货物在储存前应区分清楚。

(2) 保管货区货物量大、品种多,为方便盘点作业,货位及货架位置应视实际情况适时调整。

(3) 应依据入库单,迅速接收预备货区的货物。在需要时,依据补货单补货到动管货区。

(4) 保管货区要注重颜色管理、目视管理和看板管理,保证货物实现分类储存、分区储存、标志清楚,谨防混淆。

(5) 根据货物特性,采用相应的货位存货方式。

(6) 为保证货物的时效性,应发货物应遵循先进先出的存放原则。周转率高的货物应靠近通道放置。

(7) 做好安全防范措施。

3. 动管货区的管理

拣选作业所在的区域为动管区域,该区域的货物大多应在短期内被拣选,货物流动频率很高。动管货区常常采用货物标志、位置指示,以及与拣货设备相结合的管理方法，以达到节约拣货时间、缩短运货距离及降低拣错率的目的。

4. 移动货区的管理

在移动货区的管理中，应做到合理安排车辆行驶路线，以及预留车内一定空间，以便于货物的搬动。

> **知识拓展** 货物存放的基本原则
>
> 1. 分类存放
>
> 分类存放是仓库保管的基本要求，是保证货物质量的重要手段。不同类别的货物要分类存放，甚至要分库存放；不同规格、不同批次的货物也要分位、分堆存放；残损货物要与原货分开，放在原货堆边上；对于需要分拣的货物，在分拣之后，应分位存放，以免又混合；不同流向的货物、不同经营方式的货物也要分类存放。
>
> 2. 合理选择货物的搬运活性，摆放整齐
>
> 为了减少作业时间、次数，提高仓库周转速度，根据货物作业的要求，合理选择货物的搬运活性。对于搬运活性高的货物，也就是需要经常搬运的货物，还应注意摆放整齐，以免堵塞通道，浪费仓容。
>
> 3. 尽可能码高，货垛稳固
>
> 为了充分利用仓容，存放的货物要尽可能码高，使货物占用最少的地面面积。尽可能码高包括采用码垛码高和使用货架在高处存放，以充分利用空间。货物堆垛必须稳固，避免倒垛、散垛，要求叠垛整齐、放位准确，必要时采用稳固方法，如垛边、垛头采用纵横交叉叠垛，使用固定物料加固，等等。同时，只有在货垛稳固的情况下才能码高。
>
> 4. 面向通道，不围不堵
>
> 面向通道包括两方面的意思：一是垛码、存放的货物的正面，尽可能面向通道，以便察看。货物的正面是指标注主标志的一面。二是所有货物的货垛、货位都有一面与通道相连，处在通道旁，以便能对货物进行直接作业。只有在所有货位都与通道相通时，才能保证不围不堵。

（三）货位编码的方法

为了使存取工作顺利进行，必须对货位进行编码。货位的编码好比货物的地址，只有有了相应的地址，存取时才能迅速而准确。在实际操作中，根据不同库房条件、货物类别和批量整零的情况，做好货位画线及序号编排，以符合"标志明显易找、编排循规有序"的要求。常见的货位编码方法有以下几种。

1. 区段法

这种方法是以区段为单位，每个号码代表一个储区。这种方法适用于单位化的货物和大批量、保管期短的货物。区域大小根据货物量大小而定。货位编

码区段法如图 4-1 所示。

A1	A2	A3	A4	A5
B1	B2	B3	B4	B5
通道				
C1	C2	C3	C4	C5
D1	D2	D3	D4	D5

图 4-1　区段法

2. 品项群法

这种方法是把一些相关性货物集合后，区分成几个品项群，再对每个品项群进行编码。这种方法适用于容易按项品群保管的货物和品牌差距大的货物，如服饰群、五金群、食品群，如图 4-2 所示。

衣服	五金	饰品
通道		
鞋帽	食品	餐具

图 4-2　品项群法

3. 地址法

这种方法是利用保管区中现成的参考单位（如建筑第几栋、层、格等），按相关顺序编码，如同邮政地址的区、胡同、号一样。较常用的编号方法是"四号定位法"。"四号定位法"是采用四个数字号码对库房（货场）、货架（货区）、层次（排次）、货位（垛位）进行统一编码。例如，6-5-2-12 就是指 6 号库房、5 号货架、第 2 层、12 号货位。

（1）库房号：整个仓库的分区编号。

（2）货架号：面向货架从左至右编号。

（3）层次号：从下层向上层依次编号。

（4）货位号：面对货架从左侧起横向依次编号。

4. 坐标法

这种方法是利用 X、Y、Z 空间坐标对货位进行编码。这种方法直接对每个货位进行定位，坐标管理上比较复杂，适用于流通率很小、存放时间长的货物。

（四）货位编码的应用

对货位编码后，在实际应用中，应注意以下几种情况：

（1）货物入库后，应将货物所在货位的编码及时登记在保管账、卡的"货位号"栏中，采用计算机管理的信息要输入计算机。货位编号输入的准确与否，直接决定出库货物的准确性，应认真操作，避免差错。

（2）当货物所在的货位变动时，应同时调整保管账、卡的记录，做到"见账知物"和"见物知账"。

（3）为提高货位利用率，一般同一货位可以存放不同规格的货物，但必须采用具有明显区别的标识，以免造成差错。

（4）走道、支道不宜经常变动，否则不仅要调整货位编码，还要调整库房照明设备。

货位编码应当由谁负责？在此工作中应该有怎样的责任和担当？

二、货物堆码和苫垫

（一）货物堆码

货物堆码是根据货物的特性、形状、规格、重量、包装等情况，综合考虑地面负荷量和储存时间，将货物堆放成各种垛形的作业过程。

货物堆码的基本方法有散堆法、货架存放法和堆垛法三种。

1. 散堆法

散堆法是指将无包装的散货直接堆成货堆。这种堆码方法可节约包装费用，便于大型机械设备作业，特别适用于露天存放的大宗散货，如煤炭、谷物、散化肥等，也适用于库内的少量碎料等散货。

2. 货架存放法

货架存放法是指直接使用专用或通用的货架存放货物。这种堆码方法适用于小件、品种规格复杂且数量较少、包装简易或易损、不宜堆高、价值较高、需要经常盘点的货物，如医药用品、贵重零件等。

3. 堆垛法

堆垛法是指按照一定的方式将有包装的货物堆成货垛的堆码方法。它又可分为以下几种方式。

（1）重叠式。重叠式是指各层码放方式相同，上下对应，如图4-3所示。这种方式的优点是操作方便，包装货物的四个角和边重叠垂直，承载能力大；

图 4-3　重叠式堆垛法

缺点是各层之间缺少咬合作用，容易发生塌垛。在货物底面积较大的情况下，采用这种方式具有足够的稳定性，如果再配上相应的紧固方式，则不但能保持稳定，还具有装卸操作省力的优点。

（2）纵横交错式。纵横交错式是指将货物横放一层，竖放一层，纵横交错地向上堆码成垛，如图4-4所示。这种方式稳定性好，但操作较为不便，适用于管材、捆装或狭长箱装材料等货物的堆垛。

图4-4　纵横交错式堆垛法

（3）俯仰相间式。俯仰相间式是指将上下两面有大小差别或凹凸差别的货物（如钢轨、钢槽等）仰放一层，再俯放一层，使货物俯仰相间相扣。这种方式极为稳定，但操作不便。

（4）压缝式。压缝式是指将底层货物并排排放，再将上层的货物放在下层的货物的缝隙之上，如图4-5所示。如果每层货物都不改变方向，则垛形将呈梯形；如果每层货物都改变方向，则垛形将类似于使用纵横交错式堆垛所形成的形状。这种方式适用于阀门、卫生陶瓷用品等货物的堆垛。

图4-5　压缝式堆垛法

压缝式堆垛因上下层件数的关系，垛码可分为"2顶1""3顶2""4顶1""5顶3"等形式，如图4-6所示。

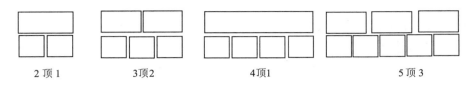

| 2顶1 | 3顶2 | 4顶1 | 5顶3 |

图 4-6　压缝式堆垛示意图

（5）宝塔式。宝塔式类似于压缝式，是指在下层货物中心上压放货物，并逐层缩小上层货物量，如图 4-7 所示。这种方式常用于电线、电缆等货物的堆垛。

（6）栽柱式。栽柱式是指在码放货物前，先在货垛两侧栽上木桩或钢棒（形如 U 形货架），然后将货物平铺在桩柱之间，每隔一层或间隔几层在两侧对应的柱桩上拴连铁丝将货物拉紧，再逐层往上码放货物。这种方式多用于长条形货物的堆垛，如管材、中空钢等。

图 4-7　宝塔式堆垛法

（7）衬垫式。衬垫式是指堆垛货物时，在每层或几层货物之间夹进衬垫物，使货垛的横断面平整后，再逐层往上码放货物。这种方式可加强货物间的牵制，增强货垛的稳固性，适用于不规则且较重的货物的堆垛，如无包装电机、水泵等。

（8）通风式。通风式是指堆码时，使相邻的货物之间都留有空隙，然后采用压缝式或纵横交错式逐层向上码放货物，如图 4-8 所示。这种方式有利于货物的通风、透气和防潮，但空间利用率低。

图 4-8　通风式堆垛法

知识拓展　　　　堆垛的基本要求

1. 合理

不同性质、品种、规格、等级、批次和不同客户的货物应分开堆放。采用合理的堆垛方式，不仅有利于货物的保管，还能充分利用仓容和空间；货垛间距应符合作业的要求及安全防火的要求；堆垛应遵循大不压小、重不压轻、缓不压急的原则；不会围堵货物，特别是后进货物不堵先进货物，确保"先进先出"。

2. 牢固

堆放应稳定结实，保证货垛稳定牢固，不偏不斜，必要时采用衬垫物料固定，不压坏底层货物或外包装，不超过库场地坪承载能力。货垛较高时，上部适当向内收小。易滚动的货物，应使用木楔或三角木固定，必要时使用绳索、绳网对货垛进行绑扎固定。

3. 定量

每一货垛的货物数量保持一致，采用固定的长度和宽度，且为整数，如50袋成行，每层货物数量相同或成固定比例递减，能做到过目知数。每垛的数字标记清楚，货垛牌或料卡填写完整，排放在明显位置。

4. 整齐

货垛堆放整齐，垛形、垛高、垛距标准化和统一化，货垛上每件货物都排放整齐，垛边横竖成列，垛不压线；货物外包装的标记和标志一律朝垛外。

5. 节约

货垛应尽可能堆高，避免少量货物占用一个货位，节约仓容，提高仓库利用率；妥善组织安排，做到一次作业到位，避免重复搬动，节约劳动；合理使用苫垫材料，避免浪费。

6. 方便

堆垛时选用的垛形、尺寸及堆垛方法，应便于堆垛作业、搬运装卸作业，以及苫盖等保管作业。

（二）货物苫垫

货物苫垫是指在货垛底部加衬垫物，在货垛上面加遮盖物，以防各种自然条件对货物质量产生不利影响。货物苫垫主要包括货物垫垛和货物苫盖两种形式。

图 4-9 货物垫垛

1. 货物垫垛

货物垫垛是指货物堆码之前，在预定货位的地面上，根据货物垛形和地面负重能力，使用衬垫材料进行铺垫的作业活动，如图4-9所示。

（1）垫垛的目的：使垛底平整，并让货物与地面隔离，形成垛底通风层，以防地面潮气和积水浸湿货物；使货物与地面杂物、尘土隔离，并方便收集和处理货垛泄漏物；分散货物的压力,以免地坪受损。

(2) 垫垛的材料:常用的垫垛材料有枕木、石墩、水泥块、木板、防潮纸等。

(3) 垫垛的要求:

① 衬垫物抗压强度好。用于垫垛的衬垫物,必须具有足够的抗压强度,且不会与货物发生不良反应。

② 衬垫物铺设平整。用于垫垛的衬垫物一定要铺设平整,而不能倾斜或伸出货垛外,以防货垛倾斜倒塌。

③ 衬垫物摆放有序。用于垫垛的衬垫物应保持统一方向,且最好与走道、支道平行,使垛底的通风层对准走道或门窗,以便垛底通风散潮。

④ 衬垫物高度适当。用于垫垛的衬垫物要有足够的高度,以便通风排水。一般情况下,库内垫垛高度要达到 0.2 m,露天堆场垫垛高度要达到 0.3~0.5 m。

(4) 垫垛的方式:主要有垫木式和防潮纸式。

① 垫木式是指将规格相同的若干枕木或垫石按照垛底的大小和形状排序,以备垫垛。这种垫垛方式的优点是拼拆方便,适用于底层库房、货棚和货场的垫垛。

② 防潮纸式是指将防潮纸(如芦席、油毡、塑料膜等)铺设在垛底。这种垫垛方式适用于地面干燥的库房和对通风要求不高的货物。

2. 货物苫盖

货物苫盖是指采用专用的苫盖材料对货垛进行遮盖的作业活动。

(1) 苫盖的目的:减少自然环境中的阳光、雨雪、风霜、尘土等对货物的侵蚀和损害,并减少货物因自身性质而受到的自然损害,从而保护货物的储存质量。

(2) 苫盖的材料:常用的苫盖材料有帆布、芦席、竹席、塑料膜、玻璃钢瓦、铁皮铁瓦、塑料瓦等。

(3) 苫盖的要求:

① 选择合适的苫盖材料。苫盖货物时应选择防火、无害、低廉、可重复利用、无破损和霉烂、不会与货物发生不良反应的苫盖材料。

② 苫盖接口要紧密。苫盖材料必须拉挺、平整,不得有折叠和凹陷,且苫盖材料的接口应相互叠盖并有一定的深度,叠口不能迎风或留有空隙,以免雨雪、积水渗入货垛。

③ 苫盖材料底部要平整。苫盖材料的底端应与垫垛材料平齐,不能腾空或拖地,以防雨水沿苫盖材料底端流入或渗入货垛。

④ 苫盖牢固。苫盖材料必须栓扎牢固,必要时应用绳索、绳网绑扎或用重物压住,以免其被风刮落或揭开。

(4) 苫盖的方法:主要有就垛苫盖法、鱼鳞苫盖法和活动棚苫盖法。

① 就垛苫盖法是指将苫盖材料直接覆盖在货垛上的方法,如图 4-10 所示。

就垛苫盖法一般使用大面积的帆布、油布、塑料膜等材料，适用于屋脊形货垛或大件包装货物的苫盖。这种苫盖方法操作方便，但不利于通风。

图 4-10　就垛苫盖法

② 鱼鳞苫盖法是指将苫盖材料自下而上、呈鱼鳞式逐层交叠围盖的方法，如图 4-11 所示。因苫盖后货垛外形酷似鱼鳞，故称鱼鳞苫盖法。这种苫盖方法一般使用面积较小的席子、苫布、瓦等材料，适用于怕雨淋日晒的货物。这种苫盖方法便于通风，但操作比较复杂。

图 4-11　鱼鳞苫盖法

③ 活动棚苫盖法。活动棚苫盖法是指将苫盖材料制成符合垛形的棚架，并在棚架下安装可推动的滑轮，然后将活动棚推移至货垛遮盖的方法。这种苫盖方法操作便捷，且便于通风，但需要较高的购置成本。

知识拓展　　货物堆码示意图绘制

浙江可的配送中心接到供应商发来的一批货物（入库单号为20230315），货物已通过验收，现在需要进行组托、上架入库至重型货架，其条码、名称、单价、数量、重量和外包装尺寸信息如表4-2所示。

表 4-2　货物信息

序号	货物条码	货物名称	单价/（元/箱）	数量/箱	重量/（kg/箱）	外包装尺寸
1	6921317905038	康师傅矿物质水	24.00	20	13	200 mm×360 mm×270 mm
2	6939261900108	好娃娃薯片	196.00	18	9	330 mm×250 mm×280 mm
3	6901521103123	诚诚油炸花生仁	172.00	54	10	275 mm×215 mm×200 mm
4	6921200101102	旺旺饼干	486.00	26	12	320 mm×220 mm×320 mm
5	6921100369990	联想台式电脑	3 800.00	10	25	595 mm×395 mm×340 mm

上述货物入库后直接对其码垛存放，已知该仓库的地坪载荷为2 000 kg/m²，库高12 m，且受包装因素的影响，堆高限高3层。如果该批货物堆垛宽度不超过1 m，作为仓库的管理人员，请规划出组托示意图。

分析：

货物组托原则：

（1）整齐原则：货物堆码整齐，不超过托盘边缘。

（2）堆高原则：托盘面积最大化利用，奇数层与偶数层交叉摆放。

（3）牢固原则：组托高度最高点距离上层货架不小于150 mm。

（4）方便原则：每层货物箱数尽量相同，以利于盘点。

根据货物组托原则，上述货物组托示意图如下：

（1）康师傅矿物质水20箱。层数：2；托盘数：1；奇数层箱数：15；偶数层箱数：5。组托示意图如图4-12、图4-13所示。

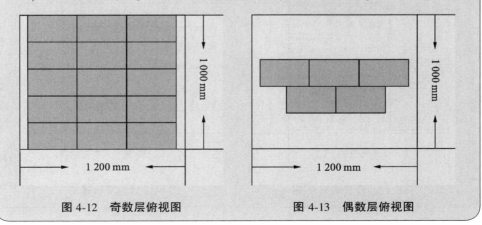

图 4-12　奇数层俯视图　　　　图 4-13　偶数层俯视图

（2）好娃娃薯片 18 箱。层数：2；托盘数：1；奇数层箱数：12；偶数层箱数：6。组托示意图如图 4-14、图 4-15 所示。

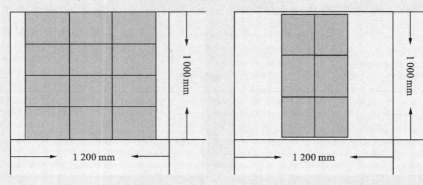

图 4-14　奇数层俯视图　　　　图 4-15　偶数层俯视图

（3）诚诚油炸花生仁 54 箱。层数：3；托盘数：1；奇数层箱数：18；偶数层箱数：18。组托示意图如图 4-16、图 4-17 所示。

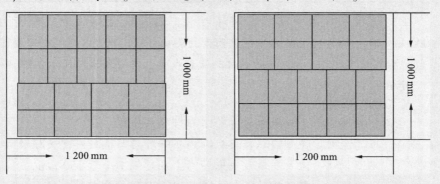

图 4-16　奇数层俯视图　　　　图 4-17　偶数层俯视图

（4）旺旺饼干 26 箱。层数：2；托盘数：1；奇数层箱数：16；偶数层箱数：10。组托示意图如图 4-18、图 4-19 所示。

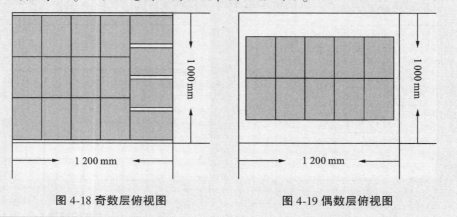

图 4-18 奇数层俯视图　　　　图 4-19 偶数层俯视图

（5）联想台式电脑 10 箱。层数：2；托盘数：1；奇数层箱数：5；偶数层箱数：5。组托示意图如图 4-20、图 4-21 所示。

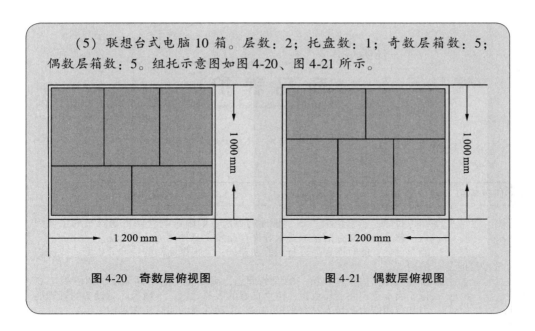

图 4-20　奇数层俯视图　　　　图 4-21　偶数层俯视图

重叠式堆垛练习

一、准备

操作人员要将训练所使用的纸箱及托盘准备好。根据托盘及纸箱的规格，决定纸箱的数量。

二、步骤

操作人员要明确堆叠方法，遵循堆叠步骤。

（1）将货箱平行排列，根据托盘规格设计重叠式堆垛方法。

（2）堆垛过程中按先远后近的原则堆垛。

（3）将底层的货箱堆垛整齐，箱与箱之间不留空隙。

（4）箱与箱的交接面为正面与正面衔接，侧面与下侧面衔接。

（5）将货箱逐层堆叠，层与层之间的货箱平行，货箱的四个角和边重叠，方向相同，直到堆垛完成。

（6）填好卡片，贴在货箱上。

三、审核

审核的标准：堆垛的货箱不超出托盘的范围，堆高不超过 1 m，并且保持整齐。

任务二 商品养护

任务名称	商品养护	班级		完成时间	
学习目标	1. 知识目标：熟悉仓库"5S"管理的方法；明晰影响仓储货物质量的主要因素；熟悉商品储存的基本要求和库存品发生意外时的处理办法。 2. 能力目标：能对库存品进行保管和养护；会根据商品的特性分析变质或破损的因素。 3. 素质目标：树立客户第一的服务理念，满足客户的不同需求；树立效率意识、成本意识和责任意识；树立良好的服务意识，不断提高对设备的管理能力和应用能力；培养具有积极进取、主动性强的团队协作意识。				
任务发布	1. 仓库空气温度的变化规律是怎样的？ 2. 什么是空气湿度？ 3. 仓库空气湿度的变化规律是怎样的？ 4. 什么是露点？ 5. 仓库温湿度控制与调节的方法有哪些？ 6. 影响金属腐蚀的因素有哪些？				
任务实施	1. 组队分工，制订计划，明确任务。 2. 按计划和分工实施任务。 3. 各组员交流学习成果，整合知识。				
组员及分工情况	小组名称			组长	
	组　　员				
	任务分工				

ABC 配送中心储存着大量的商品。为保证商品储存安全，维护商品质量，减少货物损耗，请为该配送中心制订一份商品养护计划。

商品在储存过程中可能发生的损耗和质量劣变现象是多种多样的，可采用

的养护措施也是多种多样的。要想做好商品养护，就要了解仓库常用的"5S"管理办法、仓库温湿度管理办法，以及一些特殊情况下的商品养护知识。

一、仓库"5S"管理

（一）仓库"5S"管理的含义

"5S"是指整理（Seiri）、整顿（Seiton）、清扫（Seiso）、清洁（Seiketsu）、素养（Shitsuke）。"5S"由以上5个词的日语罗马拼音的第一个字母"S"组成。

仓库5S管理

1. 整理

整理是指将工作场所内的物品分类，并把不要的物品坚决清理掉。工作场所内的物品可分为经常用的、不经常用的与不再使用的三类。经常用的物品应放置在工作场所内容易取到的位置，以便随手可以取到；不经常用的物品则可储存在专有的固定位置；不再使用的物品则必须及时清除掉，其目的是腾出更多的空间，防止物品混用、误用，创造一个干净的工作场所。

2. 整顿

整顿是指把有用的物品按规定分类摆放好，并做好适当的标识，杜绝乱堆乱放、物品混淆不清，该找的东西找不到等无序现象发生，以便使工作场所一目了然，减少寻找物品的时间，消除过多的积压物品。方法为：对放置的场所按物品使用频率进行合理的规划，如分成经常使用物品区、不经常使用物品区、废品区等，将物品分类放在上述场所摆放整齐，并在这些物品的显著位置做好适当的标识。

3. 清扫

清扫是指将工作场所内所有的地方，工作时使用的仪器、设备、工量夹具、模具、材料等打扫干净，使工作场所保持干净、宽敞、明亮。其目的是维护生产安全，减少工业灾害，保证品质。方法为：对地面、墙壁、天花板进行清扫；对仪器、设备、工量夹具等进行清理、润滑；对破损的物品进行修理；对水源污染、噪声污染进行治理；等等。

4. 清洁

清洁是指经常性地做整理、整顿、清扫工作，并进行定期或不定期的监督检查。方法为：指定"5S"工作负责人，负责相关的"5S"责任事项；每天上下班花3~5 min做好"5S"工作；进行经常性的自我检查、相互检查、专职定期或不定期检查；等等。

5. 素养

素养是指每个员工都应有良好的习惯，遵守规则，积极主动。例如，遵守作息时间、工作时仪表整洁、精神饱满，保持环境清洁，等等。

（二）"5S"管理的实施方法

1. 查检表

根据不同的场所制定不同的查检表，即制定不同的"5S"操作规范，如"车间查检表""货仓查检表""厂区查检表""办公室查检表""宿舍查检表""餐厅查检表"等。通过查检表，对仓库进行定期或不定期的检查，如发现问题，及时采取纠正措施。

2. 红色标签战略

制作一批红色标签，配合查检表一起使用。红色标签上的不合格项有整理不合格、整顿不合格、清洁不合格。在发现的不合格物品上贴上红色标签，限期改正，并且做好记录。为仓库的部门及个人分别绘制"红色标签比例图"，时刻起警示作用。

3. 目视管理

目视管理即一看便知，一眼就能识别，在"5S"管理中运用，效果也不错。

二、仓库温湿度管理

（一）空气温度与湿度

在商品储存过程中，能引起商品质量变化的外界因素有很多，包括空气温度和湿度、空气中的氧气含量、日光、微生物、害虫等，其中最主要的是空气温度和湿度。商品在储存期间发生的霉变、锈蚀、虫蛀、溶化、挥发、燃爆等损失，都与空气温度和湿度有关。

1. 仓库空气温度的变化规律

空气的温度处于经常的、不断的变化之中。它的变化有周期性变化和非周期性变化两种类型。周期性变化又可分为日变化和年变化。

（1）当库外空气温度（以下简称"气温"）逐渐升高或降低时，库内空气温度（以下简称"库温"）也随之升高或降低，库温主要随气温变化而变化。

（2）库温变化的时间，总是落在气温变化 1~2 h 之后。

（3）夜间库温高于气温，而白天库温比气温低。

（4）库温变化的幅度比气温变化的幅度小。库内的最高温度低于库外的最高温度，库内的最低温度高于库外的最低温度。

2. 仓库空气湿度的变化规律

空气湿度是指空气中水汽含量的多少或空气干湿程度，简称湿度。空气中水汽含量越多，空气湿度就越大；空气中水汽含量越少，空气湿度就越小，即空气越干燥。

空气湿度的表示方法有绝对湿度、饱和湿度、相对湿度、露点等。

（1）绝对湿度。绝对湿度是指单位体积的空气中实际所含的水汽量。温度对绝对湿度有直接影响。温度愈高，水分蒸发愈多，绝对湿度愈大；反之，温度愈低，水分蒸发愈少，绝对湿度愈小。

（2）饱和湿度。饱和湿度表示在一定的温度下空气所能容纳水汽量的最大限度，用 E 表示。空气的饱和湿度是随着空气温度的变化而变化的。温度越高，空气中所能容纳的水汽量越多，饱和湿度就越大；反之，温度越低，饱和湿度就越小。

（3）相对湿度。相对湿度表示空气中实际所含的水汽量距离饱和状态的程度，或者说在同一温度下，空气的绝对湿度与饱和湿度的百分比，用 γ 表示，其计算公式如下：

$$相对湿度 = 绝对湿度 / 饱和湿度 \times 100\%$$

由于相对湿度表示的是空气中实际所含的水汽量距离饱和状态的程度，所以相对湿度越大，就说明空气中的水汽量距离饱和状态越接近，空气就越潮湿，水分就越不易蒸发；反之，就说明空气就越干燥，水分就越容易蒸发。

（4）露点。露点是含有一定量水汽的空气，当温度下降到一定程度时，就会使空气中的水汽达到饱和状态，并开始液化成水。我们称这种现象为结露，水汽开始液化成水的温度叫作露点温度，简称露点。如果温度下降到露点温度以下，那么空气中过饱和水汽，就会在商品表面凝结成水珠，这种现象称为"水淞"，俗称"出汗"。

此外，风与空气的温湿度也有较密切的关系。因此，要做好仓库空气温湿度管理工作，还必须了解和掌握与风有关的知识，这对于控制与调节仓库温湿度，正确选择通风时机及通风方法，保证商品的安全储存有着重要意义。

（二）仓库空气温湿度控制与调节的方法

控制与调节仓库空气温湿度，是商品养护中非常重要的日常性工作，是维护商品质量的重要措施。在商品储存过程中，要根据商品的特性和质量变化规律，合理安排储存场所，科学地运用密封、通风、吸湿等方法，正确地控制与调节仓库空气温湿度，以确保商品储存的安全。

1. 密封

密封就是利用隔热性与防潮性较好的材料，把商品尽可能地严密封闭起来，以防止或减弱外界空气温湿度对商品的影响，达到安全储存的目的。密封措施是仓库空气温湿度管理的基础。对仓库采取密封措施，就能使库内空气温湿度处于相对稳定状态。如能根据商品特性，做到合理得当，能达到防潮、防霉、防热、防冻、防锈、防老化等多方面的效果。

密封材料多种多样。凡是隔热性、防潮性较好的材料，都可以作为密封材料。目前，常用的密封材料有防潮纸、油毡纸、塑料薄膜和稻谷壳，还有纤维板、芦席、锯末、干草、河沙等。

密封形式有很多，主要有整库、整室、整垛、整柜、整件密封等。各种密封方法可以单独使用，也可以结合使用。

2. 通风

通风是指采取措施，加大空气流通的保管手段。它根据空气自然流动规律，有目的地使仓库内外空气交流，以达到调节库内空气温湿度的目的，是调节库内空气温湿度最简便易行的方法。例如，利用干燥空气的大量流通，能降低货物的含水量；利用低温空气，能降低货物温度。通风还具有消除货物散发出的有害气体的作用，如造成货物窒息的二氧化碳、使金属生锈的二氧化硫和酸性气体等。另外，通风还能增加空气中氧气的含量。

当然，通风也会将空气中的水分、尘埃及海边空气中的盐分等带入仓库，影响货物。所以，通风时还需要一定的条件，才能达到预期的效果，否则可能适得其反。

仓库通风的方式有：

（1）自然通风。自然通风是指开启仓库的门、窗、通风口等，利用仓房内外的温差和气压差，使仓库内外的空气进行自然交换。

（2）机械通风。机械通风是指在仓库上部装置排风扇、仓库下部装置送风扇，利用机械设备来加强仓库内外空气的交换。有的还在通风处装置空气过滤设备，以提高空气的洁净程度和降低空气的温度和湿度。

3. 吸湿

吸湿是指在梅雨季节或阴雨天，库内湿度过大，又不宜通风时，在密封条件下使用机械或吸潮剂来降低库内湿度的方法。

吸潮剂具有较强的吸湿性，能迅速吸收库内空气中的水分，从而降低相对湿度。吸潮剂有很多种，常用的有生石灰、氯化钙、硅胶等。

4. 气幕隔潮

气幕俗称"风帘"，是指利用机械鼓风产生强气流，在仓库门口形成一道气流帘子，其风速大于库内外空气的流速，可以阻止库内外空气的自然交换，从而防止库外湿热空气进入库内。

5. 自动控制与调节空气温湿度

光电自动控制设备可以自动控制与调节仓库的空气温湿度，并自动做好记录。当库内空气温湿度超过贮品规定范围时，能自动报警、自动打开仓窗、自动开启去湿机、自动调节库内空气温湿度、自动记录。当库内空气温湿度降到适宜条件时，又能自动停止去湿机，自动关闭通风窗。

典型案例

仓库空气温湿度对商品的影响

影响储存商品质量的因素有很多，其中一个重要的因素是空气的温度。有的商品怕热，如油毡、复写纸、各种橡胶制品及蜡等，如果储存温度超过要求

（30℃~35℃）就会发黏、熔化或变质。有的商品怕冻，如医药针剂、口服液、墨水、乳胶、水果等，会因储存温度过低而冻结、沉淀或失效。例如，苹果在1℃贮藏的寿命要比在4℃~5℃贮藏延长一倍。但贮藏温度过低，又会引起果实冻结或生理失调，缩短贮藏寿命。

影响储存商品质量的另一个重要因素是空气的湿度。由于商品本身含有一定的水分，如果空气相对湿度超过75%，吸湿性的商品就会从空气中吸收大量的水分而使含水量增加，这样就会影响到商品的质量。如食盐、麦乳精、洗衣粉等潮解、结块；服装、药材、糕点等生霉、变质；金属生锈；等等。但空气相对湿度过小（低于30%），也会使一些商品的水分蒸发，从而影响到商品的质量。如皮革、香皂、木器家具、竹制品等因干燥而开裂，甚至失去使用价值。

思考：

1. 在商品储存过程中会出现哪些安全问题？
2. 在商品储存过程中应该遵循的基本原则有哪些？

三、特殊情况下的养护

（一）金属防锈

金属受周围介质的化学作用或电化学作用而发生的损坏，叫作金属腐蚀。习惯上将金属在大气中的腐蚀称为锈蚀或生锈。在储存保管着大量的金属材料、金属制品、车辆配件、机械设备等场所，金属腐蚀的现象普遍存在，危害严重，损失很大。所以，研究和掌握金属腐蚀的机理及其防治措施是非常必要的。

1. 金属腐蚀机理

金属腐蚀按其发生的机理不同，可分为化学腐蚀和电化学腐蚀。

化学腐蚀是指金属在干燥气体或非电解液的作用下，与某些物质直接发生化学作用所引起的腐蚀现象。

电化学腐蚀是指具有不同电极电位的金属互相接触，在有电解质溶液存在的情况下，电极电位低的金属（比较活泼的金属）作为阳极，电极电位高的金属（不太活泼的金属）作为阴极，两极之间有电流产生，形成微电池。作为阳极的金属失去电子变为离子进入溶液中，从而受到腐蚀。

2. 影响金属腐蚀的因素

（1）影响金属腐蚀的内在因素。

在同样的条件下，各种金属的耐蚀性不同。这主要取决于各种金属的内在因素，如化学成分、组织结构、理化性质、表面状态、应力状态等。

（2）影响金属腐蚀的外界因素。

金属的电化学腐蚀是在外界因素的影响和作用下发生的。影响金属腐蚀的外界因素主要有湿度、温度、空气、灰尘等。

3. 防止金属腐蚀的一般措施

防止金属腐蚀是根据影响金属腐蚀的内在因素和外界因素，积极采取相应的有效措施，防止或减缓金属的锈蚀。前已述及，金属腐蚀主要是由电化学腐蚀引起的，所以防止金属腐蚀主要是破坏形成电化学腐蚀的条件，抑制电化学腐蚀的进行。防止金属腐蚀的一般措施有以下几种：

（1）防水防潮，保持干燥。
（2）避免库内空气温度的急剧变化。
（3）尽量避免有害气体的影响。
（4）防尘除尘，搞好卫生。
（5）文明装卸，防止机械损伤。

（二）商品防霉与防虫

商品的霉腐是指在某些微生物的作用下，商品发生生霉、腐烂和发臭等质量变化的现象。引起商品霉腐的微生物主要有霉菌、细菌、酵母菌等。

1. 影响霉腐微生物生存的外界条件

（1）水分和空气湿度。
（2）空气温度。
（3）光线。
（4）溶液浓度。
（5）空气成分。

2. 商品霉腐的防治

（1）加强入库验收。
（2）加强仓库空气温湿度管理。
（3）选择合理的储存场所。
（4）商品合理堆码，下垫隔潮，堆垛不应靠墙靠柱。
（5）商品密封。
（6）做好日常的清洁卫生。仓库里的积尘会吸潮，容易使菌类寄生繁殖。
（7）化学药剂防霉。

3. 仓库害虫的来源

（1）商品入库前已有害虫潜伏在商品之中。
（2）商品包装材料内隐藏害虫。
（3）运输工具带来害虫。
（4）仓库内本身隐藏有害虫。
（5）仓库环境不够清洁，库内杂物、垃圾等未及时清除干净，潜有并滋生害虫。
（6）邻近仓间或邻近货垛储存的易生虫商品，感染了没有生虫的仓间或商品。

（7）储存地点的环境影响。

另外，仓库内害虫大多来源于农作物，由于长期生活在仓库中，其生活习性逐渐改变，能适应仓库的环境而继续繁殖，并具有适应性强、食性广杂、繁殖力强、活动隐蔽等特性。

4. 易虫蛀的商品

易虫蛀的商品主要是一些由营养成分含量较高的动植物加工制成的商品，具体有：

（1）毛丝织品与毛皮制品。

（2）竹藤制品。

（3）纸张及纸张制品。

（4）烟叶和烟卷。

（5）干果。

知识拓展　　商品保管养护的措施

"以防为主、防治结合"是保管养护的核心，要特别重视商品损害的预防，及时发现和消除事故隐患，防止损害事故的发生。特别要预防爆炸、火灾、水浸、污染等恶性事件造成的大规模损害事故。在发生、发现损害现象时，要及时采取有效措施，防止损害扩大，减少损失。

商品的保管保养措施主要有：经常对商品进行检查测试，及时发现异常情况；合理地给商品通风；控制阳光照射；防止雨雪水浸湿商品，及时排水除湿；除虫灭鼠；妥善进行温度、湿度控制；防止货垛倒塌；防霉除霉，剔出变质商品；对特殊商品采取针对性的保管措施；等等。

思考：

商品养护还有哪些方法？在商品养护工作中，如何培养责任意识和创新意识？

思政案例

保管人因自身过错致使仓储货物变质应负责赔偿

某市冷冻加工厂与副食品公司达成协议，由冷冻加工厂为副食品公司加工、仓储猪肉。某年3月5日，副食品公司组织收购了毛猪肉8 000 kg交给冷冻加工厂。冷冻加工厂将毛猪肉加工成精肉6 000 kg、杂肉1 900 kg，副食品公司为此支付了加工费。4月5日，冷冻加工厂将加工好的猪肉存入第7号冻库储存。5月24日，冷冻加工厂要扩建仓库通道，通道暂时阻塞，便打开第7

号冻库前后门,当冷冻加工厂发现冻库温度超过标准时,才关闭前后门强行降温。 但5月25日,副食品公司查看猪肉时发现包装纸箱上有水珠,猪肉表面有黄斑点。 副食品公司于是将猪肉取样送市卫生防疫站化验,结果表明肉质软化,缺乏光泽,微粘手,有酸味,肉质严重下降。 冷冻加工厂为了避免纠纷,愿意减少部分仓库储存费,并买下全部猪肉自行处理。 副食品公司为了从速处理冻肉,防止其继续变质,便同意了这种处理办法,收回货款,但仍受到经济损失近万元。 猪肉处理完毕后,副食品公司要求冷冻加工厂赔偿损失,双方为此发生了纠纷。 法院受理后认定了上述事实。 法院认为,冷冻加工厂按照双方达成的协议,负责储存副食品公司的猪肉,但在储存期间违反了冻库的操作规程,将冻库的前后门打开多时,致使冻库温度突然升高,冰冻融化,使猪肉质量下降,这属于严重违约行为,造成了副食品公司的经济损失,应足额赔偿。 冷冻加工厂对猪肉做出处理后拒绝继续赔偿的做法没有法律依据。 最终法院做出判决,由冷冻加工厂赔偿副食品公司的经济损失。

上述案例是因保管人在保管过程中采取了不正确的措施导致商品变质而引起的纠纷。 由此可见,在保管商品时,保管人应该熟知商品本身的性质,在保管过程中采取正确的保管措施,防止商品出现质量问题。

任务三 在库盘点

学习任务

任务名称	在库盘点	班级		完成时间	
学习目标	1. 知识目标:熟悉商品盘点的内容和必要性;掌握商品盘点的程序和方法。 2. 能力目标:能根据商品的特性和数量确定相应的盘点方法;能根据盘点实况制定盘点差异处理和信息统计表。 3. 素质目标:通过小组学习培养合作意识;通过实训操作培养动手能力。				
任务发布	1. 盘点的准备工作主要包括哪些? 2. 什么是动态盘点法? 3. 商品盘点的内容有哪些? 4. 盘点出现差异,可能是由什么情况导致的? 5. 商品盘点差异的解决方法有哪些?				
任务实施	1. 组队分工,制订计划,明确任务。 2. 按计划和分工实施任务。 3. 各组员交流学习成果,整合知识。				

组员及 分工情况	小组名称		组长	
	组　　员			
	任务分工			

 任务情境

2023年8月20日，ABC配送中心准备进行常规盘点，请问该如何进行？

 任务提示

为了有效地掌握商品的库存数量，需要对在库商品的数量进行清点，即商品盘点。商品盘点是保证储存货物达到账、货、卡完全相符的重要措施之一。仓库的盘点能够确保商品库存数量的真实性、准确性及各种商品的完整性。

要想完成盘点任务，必须清楚盘点的内容及方法，严格按照步骤进行。

 任务实施

一、盘点前的准备工作

盘点前的准备工作是否充分，关系到盘点作业是否能顺利进行，因此盘点前对盘点中可能出现的问题及差错进行周密的研究和准备是相当重要的。盘点前的准备工作主要包括确定盘点时间、确定盘点方法、培训盘点人员、清理储存场所。

1. 确定盘点时间

一般情况下，盘点时间选在月末或财务决算前，从理论上讲，在条件允许的情况下，盘点次数越多越好。但每一次盘点都要耗费大量的人力、物力和财力，因此应根据实际情况确定盘点时间。存货周转率比较低的企业，可以半年或一年进行一次盘点；存货周转率比较高的企业、库存品种比较多的企业，可以根据商品的性质、价值、流通速度、重要程度分别确定不同的盘点时间。盘点周期可以是每天、每周、每月、每季、每年等。例如，可按ABC分类法将货物分为A、B、C三个等级，分别制定相应的盘点周期，重点的A类商品每天或每周盘点一次，其次的B类商品每两周或三周盘点一次，重要性最低的C类商品可以每个月或更长时间盘点一次。

2. 确定盘点方法

不同的储存场所对盘点的要求不尽相同，盘点方法也会有所差异，为尽可能快速、准确地完成盘点作业，必须根据实际需要确定盘点的程序和具体方法。商品盘点的方法有以下几种：

（1）账面盘点法。账面盘点就是把每天入库和出库商品的数量及单价，记录在计算机中或账簿上，而后不断地累计汇总，算出账面上的库存量及库存金额。盘点时所用到的库存现金盘点表及货品总账表如表4-3、表4-4所示。

表4-3　库存现金盘点表

单位名称：（盖章）　　　　　　　　编制人：　　　　　　　　日期：
清查基准日：　　　　　　　　　　　复核人：　　　　　　　　日期：
币种：　　　　　　　　　　　　　　　　　　　　　　　　　　单位：元

清查日清点现金			核对账目	
货币面额	张数	金额	核对账目	金额
100元			清查基准日现金账面余额	
50元			加：清查基准日至清查日的现金收入	
20元			减：清查基准日至清查日的现金支出	
10元			加：跨日收入	
5元			减：跨日借条	
2元			调整后现金余额	
1元			实点现金	
5角			长款	
2角			短款	
1角				
5分				
2分				
1分				
实点合计				

单位负责人：　　　　　财务负责人：　　　　　出纳员：　　　　　日期：

表 4-4　货品总账表

品　名：										
编号：						经济订购量：				
请购点：										
日期		订购		入库			出库		现存	附注
月	日	数量	请购单	数量	单价	价值	数量	货单	数量	总价	

（2）现货盘点法。现货盘点又称实地盘点，也就是到实地去点数，调查仓库内商品的库存数量，再依商品单价计算出库存金额。

（3）动态盘点法。动态盘点又叫永续盘点，是指对有收发动态的商品进行盘点，及时核对该商品的余额是否与账、卡相符。动态盘点法有利于及时发现并处理差错。

（4）重点盘点法。重点盘点是指对那些进出频率高的，或者是易损耗的，或者是昂贵的商品进行盘点。

（5）全面盘点法。全面盘点是指对在库商品进行全面的盘点。这种方法通常用于清仓库或年终盘点。盘点的工作量大，检查的内容多。

（6）循环盘点法。循环盘点是指在每天、每周按顺序一部分一部分地进行盘点，到了月末或期末，每项商品至少要完成一次盘点。

采用循环盘点法，除了可以减少过多的损失外，对不同货品施以不同管理也是主要原因，就如同前述 ABC 分类管理的做法，价格越高或越重要的货品，盘点次数越多，价格越低或越不重要的货品，就尽量减少盘点次数。循环盘点由于一次只进行少量盘点，因此只需要专门人员负责，不需要动用全体人员。

循环盘点最常用的单据为现品卡（表 4-5），即货品每次出入库时一边查看出入库传票，一边把出入库月日、出入库数量、传票编号、库存量登记在现品卡上。使用现品卡的主要目的在于：

① 使作业者对出入库数量及库存量有具体的数字认知。

② 可协调进行出入库的分配管理，并在错误发生时能立即调查。

③ 随时掌握库存品的流动性及库存量控制的情况。

然而，有些企业不采用现品卡，只以单纯点数核对的方式进行循环盘点，其步骤如下：

步骤 1：决定当天要盘点的商品。

步骤 2：由专门人员负责，现场清点这些商品的实际库存数。

步骤 3：核对盘点货品的计算机库存数。

步骤 4：对照结果，若发现两个库存数没有差异，则维持原状；若发现有差异，则调查原因，并立即修正。

表4-5 现品卡

货品编号					
货品名称			交货单位		
存放位置			包装单位		
月	日	出入库地点	传票编号	入库数	出库数	库存数
		转入				
		转出				

（7）定期盘点法。定期盘点又称期末盘点，是指在期末一起清点所有商品的数量。定期盘点时必须关闭仓库做全面性的商品清点，因此对商品的核对十分方便和准确，可减少盘点中的不少错误，有利于实时掌握存货的日常核算工作。该种盘点法的缺点是：关闭仓库，停止业务会造成损失，并且动用大批员工从事盘点工作，加大了期末的工作量；不能随时反映存货收入、发出和结存的动态，不便于管理人员掌握情况；容易掩盖存货管理中存在的自然和人为的损失；不能随时结转成本。

定期盘点的步骤如下：

步骤1：对参加盘点的员工进行分组。

步骤2：由一人清点所负责区域的商品，将清点结果填入各商品的盘存单的上半部。

步骤3：由第二人复点，填入盘存单的下半部。

步骤4：由第三人核对，检查前两人的记录是否相同且正确。

步骤5：将盘存单交给会计部门，合计货品库存总量。

步骤6：等所有盘点结束后，再与计算机或账簿资料进行对照。

知识拓展 期末盘点与循环盘点差异比较

期末盘点与循环盘点差异比较，如表4-6所示。仓库应根据自身情况选择适用的盘点方法，大体而言，循环盘点较能针对各商品需要做适时管理，且成效更明显。事实上，有些仓库是将两种盘点并用，平时针对重要商品做循环盘点，而到了期末再对所有商品做一次期末大盘点，如此，不仅循环盘点的误差能减少，就算是期末大盘点，其误差率也因循环盘点的配合进行而大幅降低，同时期末大盘点所需的时间也会因平时循环盘点的整理与管理改善而缩短许多。

表 4-6 期末盘点与循环盘点差异比较

比较内容	期末盘点	循环盘点
时间间隔	期末、每年仅数次	平常、每天或每周一次
所用时间	长	短
所用人员	全体人员（或临时雇用）	专门人员
盘差情况	多且发现得晚	少且发现得早
对营运的影响	须停止作业数天	无
对品项的管理	平等	A 类重要货品：仔细管理；C 类不重要货品：稍微管理
盘差原因追究	不易	容易

3. 培训盘点人员

盘点的结果如何取决于盘点人员的认真程度和盘点程序的合理性。因此，为保证盘点作业顺利进行，必须对参与盘点的所有人进行集中培训。培训的主要内容是盘点的方法及盘点作业的基本流程和要求。通过培训使盘点人员对盘点的基本要领、表格及单据的填写规范十分清楚。

4. 清理储存场所

盘点工作开始时，对储存场所及库存货物进行一次清理，主要包括：对于尚未办理入库手续的货物，应标明不在盘点之列；对于已办理出库手续的货物，要提前运到相应的配送区域；账卡、单据、资料均应整理后统一结清；整理货物堆垛、货架等，使其整齐有序以便于清点记数；检查计量器具，使其误差符合规定要求；设计、印制盘点使用的各种表格，准备盘点使用的各种器具。

知识拓展 盘点的目的

具体来说，盘点的目的有以下几点：

（1）为了确定现存量，并修正账货不符产生的误差。通常货物在一段时间被不断接收与发出后，数量容易产生误差，这些误差形成的主因有：

① 库存资料记录不确实，如多记、误记、漏记等。

② 库存数量有误，如损坏、遗失、验收与出货清点有误。

③ 盘点方法选择不恰当，如误盘、重盘、漏盘等。

（2）为了计算企业的损益。企业的损益与库存金额有相当密切的关系，而库存金额又与库存量及货物单价成正比。因此，为了能准确地计算出企业实际的损益，就必须针对现存量加以盘点。一旦发现库存太多，即表示企业的经营压力较大。

(3) 为了提高货物管理的绩效，使出入库的管理方法和保管状态变得清晰。废品的处理情况、存货周转率、货物的保管养护，均可以通过盘点发现问题，从而提出改善的方法。

二、商品盘点

（一）商品盘点的内容

商品盘点的主要内容包括查数量、查质量、查保管条件、查设备、查安全等。

1. 查数量

通过盘点查明库存商品的实际数量，核对库存账面数量与实际库存数量是否一致，这是盘点的主要内容。

2. 查质量

检查在库商品质量有无变化，包括是否有受潮、锈蚀、发霉、干裂、鼠咬甚至变质情况；有无超过保管期限和长期积压现象；证件是否齐全，证物是否相符。必要时，还要进行技术检验。

3. 查保管条件

检查库房内外的储存空间与场所利用是否合理；储存区域划分是否明确，是否符合作业情况；货架布置是否合理；商品进出是否方便、简单、快速；工作联系是否便利；传递距离是否太长；通道是否宽敞；储区标志是否清楚、正确；是否有油污废弃物堆区；温湿度是否控制良好；堆码是否合理稳固；苫垫是否严密；库房是否漏水；场地是否积水；门窗通风是否良好；等等。

4. 查设备

检查各项设备的使用和养护是否合理，是否定期保养；储位、货架标志是否清楚明确，有无混乱；储位或货架是否充分利用；计量器具和工具，如皮尺、磅秤及其他装置是否准确，使用与保管是否合理，检查时要用标准件校验。

5. 查安全

检查各种安全措施和消防设备、器材是否符合安全要求；使用工具是否齐备、安全；药剂是否有效；商品堆放是否安全，有无倾斜；货架头尾防撞杆有无损坏变形；建筑物是否损坏而影响商品储存；对于地震、水灾、台风等自然灾害有无紧急处理对策；等等。

（二）商品盘点的程序和注意事项

1. 商品盘点的程序

盘点人员在进行商品盘点时，需按以下程序完成：

（1）给货架编号（从左到右依次编号）。

（2）整理商品（同条码商品集中陈列）。

（3）抄表（抄表后任何人不能移动排面）。

（4）盘点。盘点分初盘（蓝色笔）、复盘（黑色笔）、抽盘（红色笔）。

2. 商品盘点的注意事项

（1）抄表的注意事项。

① 不同货架不能共用一张盘点表。

② 不同堆头、端架可共用一张盘点表，但同一堆头、端架上的商品必须在同一张盘点表上，不能出现同一堆头、端架上的商品在不同盘点表上的情况。

③ 抄表时，以货架为单位，每组货架用一套盘点表，如图4-22（a）所示。

④ 抄表时，从左到右、从上到下依次抄表，如图4-22（b）所示。同一商品，同一层多个陈列面时，只抄一次，填表时累加数量；同一商品不同层陈列时，分层抄表，每次都要抄，按层累加填写。

⑤ 抄表时，必须按序号抄表，绝对不能跳跃抄表，以免漏抄。抄表人如发现漏抄，则在本组货架盘点表最后一页补上，并注明是哪一层的商品。

图 4-22　抄表注意事项

抄表时，要完成商品盘点表，如表4-7所示。

表 4-7　商品盘点表

洗发区（第一　）组　　　　年　　月　　日　　　　第（　）页

		条码	品名	规格	单位	售价	实盘数		有效期	备注
							数量	金额		
一层	1.	3903148002517	海飞丝洗发水	200 mL	瓶	18.5				
	2.									
	3.									
	4.									
二层	1.									
	2.									

（2）盘点的注意事项。

① 货架编号：库+区+货架号+层号；小货架靠左不靠右，且不单算货架。
② 放单于货架左上角；收单由组长执行。
③ 盘点错误用斜杠划掉，不能涂抹，不允许在错误数字上加减乘除并签名。
④ 若盘点表上有条码的商品，货架上无实物，则写"0"，不能空着。
⑤ 盘点过程中检查是否有条码错误，如有，要予以更正并签名。
⑥ 已盘点商品如有拿出，须减少数量，且必须由理货员与组长同时签名。
⑦ 盘点人员如发现有漏抄，则必须用新盘点表重写，不能在原盘点表上加内容，最后由组长统计数字，并在主管处登记增加的盘点表数量。
⑧ 注意区分同包装不同条码商品。
⑨ 注意区分层板纵深前后不同商品。
⑩ 生鲜变质商品不要再盘点。
⑪ 盘点人员要认真、细致。
⑫ 复盘、抽盘要公正、认真、不徇私情。

三、商品盘点的结果处理

1. 盘点差异原因分析

商品盘点结果处理

盘点结束后，发现账货不符时，应追查造成差异的原因。
（1）是否由记账员的记账及账务处理有误，或进、出库的原始单据丢失，抑或盘点不佳导致账货不符。
（2）是否因盘点方法不当，产生漏盘、重盘或错盘。
（3）是否由盘点制度的缺陷导致账货不符。
（4）是否由账货处理制度的缺陷导致商品数目经常出现

差异。

（5）是否在容许范围之内。

（6）是否可事先预防，降低账货差异的程度。

2. 盘点差异的处理

盘点差异的原因追查清楚后，应针对主要原因进行调整与处理，制定解决方法。

（1）依据管理绩效，对分管人员进行奖惩。

（2）对于废次品、不良品降价的部分，应视为盘亏。

（3）对于存货周转率低、占用金额过大的库存商品，要设法降低库存量。

（4）盘点工作完成以后，对于所发生的差额、呆滞、变质、盘亏、损耗等结果，应迅速予以处理，并防止以后再次发生。

（5）呆滞品比率过大，宜设法使其降低。

呆滞品是百分之百的可用品，但是由于其库存周转率极低，特别容易被忽视，久而久之积少成多，不仅耗损商品价值、挤占营运资金，而且占据可利用的库存空间。对呆滞品可采取以下措施进行处理：打折出售；与其他公司进行以物易物的交易；修改后再利用；调拨给其他单位利用；等等。

商品盘点时，除了会产生数量的盘亏外，有些商品在价格上也会产生变化，这些差异经主管部门审核后，必须利用如表 4-8 所示的"商品盘点数量盈亏项目增减更正表"修改。

表 4-8 商品盘点数量盈亏项目增减更正表

年　　月　　日

货品编号	货品名称	单位	账面资料			盘点实存			数量盈亏				条目增减				差异因素	负责人	备注
			数量	单价	金额	数量	单价	金额	盘盈		盘亏		增加		减少				
									数量	金额	数量	金额	单价	金额	单价	金额			

拓展提升

请选择合适的方法对仓库内的货物进行盘点，并填写盘点盈亏报告表（表 4-9）。

表 4-9　盘点盈亏报告表

年　　月　　日

部门	类别	品名及规格型号	单位	单价	账面数量	盘点数量	盘盈		盘亏	
							数量	金额	数量	金额

审计监察部经理：　　　　　审核：　　　　　　　　　　制表：

任务四　仓储安全

学习任务

任务名称	仓储安全	班级		完成时间	
学习目标	1. 知识目标：了解仓储人员安全管理、职业健康管理的内容；明晰仓库治安保卫管理的要点；知晓仓库消防安全管理的内容；掌握库区安全管理的方式方法。 2. 能力目标：能根据库区的基本情况进行安全管理；能熟练进行各项安全管理工作；可以根据实训要求正确使用各种设施设备。 3. 素质目标：树立良好的服务意识，不断提高安全意识和对不确定因素的预防能力；培养积极进取、主动性强的团队协作意识。			
任务发布	1. 如何进行安全管理工作？ 2. 如何加强应急处理能力？ 3. 货物装卸与搬运安全管理的内容有哪些？ 4. 货物储存安全管理的内容是什么？ 5. 仓库治安保卫管理的要点是什么？ 6. 仓库消防安全管理的要点是什么？				

项目四
在库作业

任务实施	1. 组队分工，制订计划，明确任务。 2. 按计划和分工实施任务。 3. 各组员交流学习成果，整合知识。			
组员及 分工情况	小组名称		组长	
	组　员			
	任务分工			

任务情境

叉车驾驶员在卸货过程中，没有遵守安全操作规范，导致三个货箱掉落砸中其他员工头部，致其昏迷不醒。对于这种事故，请问该如何处理？为了避免类似事故的再次发生，该做好哪些工作？

任务提示

该任务涉及的是仓储安全管理问题，想要做好突发情况的预防及处理工作，就要加强仓储人员安全管理、仓库货物安全管理和库区安全管理。

任务实施

一、仓储安全管理的重要性

仓库是企业物料中转和储存的场所，拥有着大量生产资料，是保证生产线正常运转、满足客户需求、创造企业效益的重要部门。在仓储活动中，客观上存在着一些不安全因素，因此，仓储管理中的安全管理和安全技术必须得到核心领导层和全体员工的足够重视，要发现、分析和消除仓储活动中的各种危险，保护仓库中的人、财、物免受破坏、损失，并在一定条件下取得最佳的经济效益和社会效益。

下面通过几幅仓库设备操作事故漫画，来更直观地反映仓储安全管理中人员安全管理和安全作业的重要性。

图4-23展示的画面是当一名工人用叉车运送15个纸箱时，一些箱子开始滑落，他正在试图调整箱子的位置。当工人站在座椅与货叉之间试图调整箱子的位置时（未关掉引擎），他意外碰到了其中一根操纵杆，导致货叉移动，他被夹在了叉车框架与货叉之间。

111

图 4-23 漫画 1

　　图 4-24 展示的画面是一名工人驾驶叉车前进，而另一名工人站在由货叉升起的托盘上，想要为横梁涂上油漆。由于叉车行驶过快，工人在托盘上失去平衡，跌落在地。

图 4-24 漫画 2

　　图 4-25 展示的画面是一名叉车工人把一辆叉车停在卡车旁边的斜坡上。他正在解开卡车上用以固定货物的绳子。由于叉车停在斜坡上，叉车慢慢地向前滑行，其中一个叉尖刺伤了叉车工人。

图 4-25 漫画 3

二、仓储人员安全管理

（一）仓库安全作业管理规定

1. 人力安全操作基本要求

（1）人力操作仅限于轻负荷的作业。

（2）尽可能采用人力机械作业。

(3) 只在适合作业的安全环境中进行作业。
(4) 作业人员按要求穿戴相应的安全防护用具，使用合适的作业工具进行作业。
(5) 合理安排工间休息。
(6) 必须有专人在现场指挥和做安全指导，严格按照安全操作规范进行作业指挥。

2. 机械安全作业基本要求
(1) 使用合适的设备进行作业。
(2) 所使用的设备具有良好的工况。
(3) 设备作业要有专人进行指挥。
(4) 汽车装卸时，注意保持安全间距。
(5) 载货移动设备上不得载人运行。
(6) 吊车必须在停稳后方可作业。

3. 装卸搬运机械作业安全
(1) 要经常定期地对职工进行安全技术教育，从思想上提高其对安全技术的认识。
(2) 组织职工不断学习仓储作业技术知识。
(3) 遵守各项安全操作规程是防止事故的有效方法。

4. 仓库储备物资保管保养作业安全
(1) 作业前要做好准备工作，检查所用工具是否完好。
(2) 作业人员应根据作业项目危险性的不同，穿戴相应的防护服装。
(3) 作业时要轻吊稳放，防止撞击、摩擦和震动，不得饮食和吸烟。
(4) 作业完毕后要根据危险品的性质和工作情况，及时洗手、洗脸、漱口或淋浴。

5. 仓库电气设备安全
(1) 电气设备应有可熔保险器和自动开关。
(2) 电动工具必须有良好的绝缘装置，使用前必须使用保护性接地。
(3) 高压线经过的地方，必须有安全措施和警告标志。
(4) 电工操作时，必须严格遵守安全操作规程。
(5) 高大建筑物和危险品库房，要有避雷装置。

（二）仓库人员健康与安全培训
(1) 在必要的时候进行足够的健康与安全培训。培训包括新员工培训、新的职业方向培训、调任培训、换岗培训、新技术和新设备使用培训、入职引导和再引导等。
(2) 为员工提供辨识危险隐患、安全操作步骤、设施设备使用说明等信息。
(3) 为可能暴露在有害健康物质下的员工提供信息、指导和培训。

(4) 开展良好的搬运技术的培训。
(5) 鼓励员工获取职业资格证书。
(6) 确定对员工培训承担具体责任的管理人员、专业人员、安全代表等。
(7) 关心安全培训、交流和宣传的效果。

(三) 仓库人员职业健康管理

物流企业受到行业特点的影响,要积极开展和加强员工职业健康管理工作,具体可以从以下几个方面着手。

1. 围绕职业健康要求,加强员工培训工作,提高员工安全风险意识

从职业健康基础知识、职业健康法规、典型案例等方面对员工进行培训,提高其安全风险意识。

2. 围绕职业健康要求,保证仓储安全生产的投入,改善安全生产条件,加强仓储安全技术工作

采用新工艺、新技术、新设备,确保作业安全。加强劳动安全保护,如确定安全作业时间、提供劳保用品等。

3. 预防为主,持续改进

加强对有关安全生产的法律、法规和安全生产知识的宣传,提高员工的安全生产意识。

(四) 劳动保护制度

劳动保护是为了改善劳动条件,提高生产的安全性,保护劳动者的身心健康,减轻劳动强度所采取的相应措施和有关规定。劳动安全保护包括直接和间接施行于员工人身的保护措施。仓库要遵守《中华人民共和国劳动法》有关劳动时间和休息的规定,依法安排加班,保证员工有足够的休息时间。提供合适和足够的劳动防护用品,如安全帽、手套、工作服、高强度工作鞋等,并督促作业人员使用和穿戴。具体要求如下:

(1) 要批判"事故难免论"的错误思想。重要的是要提高各级领导干部的安全思想认识和安全技术知识及各班组安全员的责任心,使其认识到不安全因素是可以被认识的,事故是可以控制的,只要思想上重视,实现安全作业是完全可能的。

(2) 建立和健全劳动保护机构和规章制度。专业管理与群众管理相结合,把安全工作贯穿仓库作业的各个环节,对一些有害、有毒的工种要建立保健制度,实行专人、专事、专责管理,推行安全生产责任制,并要建立群众性的安全生产网,使劳动保护收到良好效果。

(3) 结合仓库业务和中心工作,开展劳动保护活动。要根据上级指示和仓库具体情况,制定有效的预防措施。做到年度有规划、季度有安排、每月有纲要,使长计划与短安排相结合。同时还要经常检查,防止事故的发生。仓库要经常开展安全检查,清查潜在的不安全因素,及时消除事故隐患,防患于未然。

(4) 要经常组织仓库员工开展文体活动,丰富员工的精神生活,增强其体质，改善其居住条件，这些都将对劳动保护到着重要作用。

三、仓库货物安全管理

仓库货物安全管理是一个多因素、多环节、多专业的综合系统，包括人、物、环境等诸多因素，渗透到仓库的每一项工作之中。仓库货物安全管理工作的内容不仅仅包括货物储存安全管理，还包括治安、保卫、警卫、消防等工作。

（一）货物储存安全管理

货物储存安全管理应包括以下内容：

（1）在货物储存期间，要保持货物包装良好，垛位标识清晰。

（2）生产部门在露天存放的桶类货物，要集中放置在化工桶类堆放区内，并做出标识，以防误用。

（3）储存有保质期的货物，应每隔一季度对货物状况实施一次检查，以便及时发现变质情况。

（4）储存有保质期的货物，应按规定确定储存时间，遵循先进先出的原则。

（5）国家、地方或行业法规规定的有毒、有害、易燃、易爆等有特殊存放要求的货物，应按有关规定储存。

（6）保管员要对货物进行定期检查，用除锈、晾晒、倒垛等办法保养和防护。

（7）长期存放又确实需要进行防锈保养的器材和设备，应按有关需求计划进行防护。

（8）当袋装货物原包装损坏，或原包装不能满足必要的搬运和储存要求时，要重新进行套袋包装。

（9）袋装货物储存时，要用托盘木支架或塑料包装布保护，防止货物受潮变质。

（10）对仓库存放的化工类原料，要适当隔离、经常检查，防止包装损坏造成泄漏污染，必要时及时更换包装。

（二）仓库治安保卫管理

1. 仓库治安保卫管理的含义

仓库治安保卫工作是仓库为了防范、制止恶性侵权行为、意外事故对仓库及仓储财产的侵害和破坏，维护仓储环境的稳定，保证仓储生产经营活动的顺利开展所进行的管理工作。

2. 仓库治安保卫管理的方针和原则

仓库治安保卫管理必须贯彻的方针：预防为主、防治结合、确保重点、打击犯罪、保障安全。

仓库治安保卫管理必须坚持的原则：谁主管，谁负责；有奖有罚，奖罚分明。

3. 仓库治安保卫管理的内容

（1）根据仓库地形和库房、货场分布情况，划定岗哨和巡逻范围，在划定范围内，明确守护员之间及守护员与保管员之间的安全交接责任。

（2）开展社会主义法制和治安保卫工作的宣传教育，增强员工的法治观念和自觉维护本企业治安秩序的意识；同时，加强警卫人员的人格培养和业务学习，邀请当地公安部门的专家讲授有关专业知识和协助军事训练，以提高警卫人员的军事素质。

（3）按照公安部门的规定和技术标准，在要害部位设置安全技术防范设施。专职警卫人员应驻守仓库，有事外出须经批准，并按时返库。仓库可采取轮休制，以保证人员必要的休息。

（4）仓库警卫部门应与公安部门建立经常性的联系制度，及时交换信息和交流经验，并与周围单位加强联系，了解周边动态，做到心中有数。

（三）仓库消防安全管理

1. 仓库火灾认识

（1）火灾的含义。火灾是指失去控制并对货物和人身造成损害的燃烧现象，或指在时间或空间上失去控制的燃烧所造成的灾害。

（2）燃烧的基本原理。燃烧是指可燃物分解或挥发出的可燃气体，与空气中的氧剧烈化合，同时发出光热的反应过程。燃烧必须同时具备三个条件：可燃物、助燃物、着火源。

（3）火灾的分类。按照国家标准，火灾分为A、B、C、D、E、F六类，如表4-10所示。

表4-10　火灾分类

分类	项目	示例
A类火灾	固体物质火灾	木材、棉、毛、麻、纸张引起的火灾
B类火灾	液体或可熔化的固体物质火灾	汽油、煤油、原油、甲醇、乙醇、沥青、石蜡引起的火灾
C类火灾	气体火灾	煤气、天然气、甲烷、乙烷、丙烷、氢气引起的火灾
D类火灾	金属火灾	钾、钠、镁、钛、锆、锂、铝镁合金引起的火灾
E类火灾	带电火灾	变压器、汽车电瓶引起的火灾
F类火灾	烹饪器具内的烹饪物火灾	动物油脂或植物油脂引起的火灾

（4）火灾的特点。火灾易发生，损失大；易蔓延扩大；扑救困难。

（5）防火的基本原理。防止燃烧条件的产生，不使燃烧的三个条件相互结合并发生作用，以及采取限制、削弱燃烧条件发展的办法，阻止火势蔓延。

（6）火灾事故发生的原因。

① 火源管理不善，可燃物质多，堆放高度集中。

② 易燃、易爆炸性物资由于保管方法不当或搬运装卸中的事故而引起火灾。

③ 仓库建筑及平面布局不合理，比如货场布局混乱，乱堆乱放，通道不畅等。

④ 电器违章操作、用火不慎、玩火、吸烟、防火制度不健全等。

⑤ 仓库管理人员少，起火发现晚。

⑥ 地处偏僻，水源缺乏。

⑦ 严重违反防火规章制度，思想上麻痹大意。

⑧ 电气设备安装不符合规定。

⑨ 仓库建设结构差，防火安全间距不够。

⑩ 人为纵火。

2. 仓库防火管理

（1）加强储存管理，防止火灾发生。

① 自燃物品要分类储存，留出通道。

② 易燃物品要存放在温度较低、通风良好的场所，并应当有专人定时测温。

③ 遇水容易发生燃烧、爆炸的化学易燃物品，不得存放在潮湿和容易积水的地点。

④ 受阳光照射容易燃烧、爆炸的化学易燃物品，不得在露天存放。

⑤ 易燃、可燃物品在入库前，应当有专人负责检查，可能带有火险隐患的物品，应当存放到观察区，经检查确无危险后，方准入库或归垛。

⑥ 储存易燃、可燃物品的库房、露天堆垛附近，不准进行试验、分装、封焊、维修、动用明火等可能引起火灾的作业。

⑦ 库房内不准设办公室、休息室，不准住人，不准用可燃材料搭建搁层。

⑧ 库房内一般不应当安装采暖设备，如物品防冻必须采暖，可用暖气。散热器与可燃物品堆垛应当保持安全距离。

⑨ 库区和库房内要经常保持整洁。

（2）科学装卸搬运，避免火灾发生。

① 装卸化学易燃物品，必须轻拿轻放，严防震动、撞击、重压、摩擦和倒置。

② 进入易燃、可燃物品库区的蒸汽机车和内燃机车，必须装置防火罩，蒸汽机车要关闭风箱和送风器，并不得在库区停留和清炉。仓库应当有专人负责监护。

③ 进入库区的汽车、拖拉机必须装置防火罩，并不准进入库房。

④ 散落、渗漏在车辆上的化学易燃物品，必须及时清除干净。

⑤ 各种机动车辆在装卸物品时，排气管一侧不准靠近物品。各种机动车辆不准在库区、库房内停放和修理。

（3）严格电源管理，遏制火灾发生。

① 库房内一般不宜安装电气设备。

② 储存化学易燃物品的库房，应当根据物品的性质，安装防爆、隔离或密封式的电气照明设备。

③ 各类库房的电线主线都应当架设在库房外，引进库房的电线必须装置在金属或硬质塑料套管内，电器线路和灯头应当安装在库房通道的上方，与堆垛保持安全距离，严禁在库房闷顶架线。

④ 库房内不准使用碘钨灯、日光灯、电熨斗、电炉子、电烙铁、电钟、交流收音机和电视机等设备，不准用可燃材料做灯罩，不应当使用超过60 W的灯泡。灯头与物品应当保持不小于0.5 m的垂直安全距离。

⑤ 库房内不准架设临时电线。库区如需架设，必须经仓库防火负责人批准。使用临时电线的时间不应当超过半个月，到期及时拆除。

⑥ 库区的电源应当设总闸和分闸，每个库房应当单独安装开关箱。开关箱应当设在库房外，并安装防雨、防潮等保护设施。

⑦ 在库区及库房内使用电气机具时，必须严格执行安全操作规程。

⑧ 电气设备除经常检查外，每年至少应当进行两次绝缘遥测，发现可能引起打火、短路、发热和绝缘不良等情况时，必须立即修理。库房工作结束时，必须切断电源。

（4）实施火源管理制度，严防火灾源头。

① 仓库应当设置醒目的防火标志。

② 库区内严禁吸烟、用火，严禁放烟花、爆竹和信号弹。在生活区和维修工房安装和使用火炉，必须经仓库防火负责人批准。

③ 金属火炉距可燃物不应小于1.5 m。在木质地板上搭设火炉，必须用隔热的不燃材料与地板隔开。

④ 金属烟囱距可燃墙壁、屋顶不应小于70 cm，距可燃屋檐不应小于10 cm，高出屋檐不应小于30 cm。烟囱穿过可燃墙、窗时必须在其周围用不燃材料隔开。

⑤ 不准用易燃液体引火。火炉附近不准堆放木片、刨花、废纸等可燃物。不准靠近火炉烘烤衣物和其他可燃物。燃着的火炉应有人负责管理。从炉内取出的炽热灰烬，必须用水浇灭后倒在指定的安全地点。

（5）配置消防设施，全面做好预防工作。

① 仓库区域内应配置消防设备和器材。消防设备包括水塔、水泵、水池、消防供水管道、消火栓、消防车、消防泵等。消防器材包括各类灭火器、沙箱、水桶、消防斧、钩、铣等。

② 仓库区域内应遵守《建筑设计防火规范》的规定，消防设备和器材附近，严禁堆放其他物品。仓库应装设消防通信、信号报警设备。

③ 消防设备器材和应当有专人负责管理，定期检查维修，保持完整好用。寒冷季节要对消防储水池、消火栓、灭火机等消防设备采取防冻措施。

3. 仓库灭火管理

（1）灭火的方法。

根据灭火的基本原理，灭火的方法有冷却法（水降温）、窒息法（除氧）、隔离法（隔空）、化学抑制法（干粉）、综合灭火法。

（2）常用的灭火器及其使用方法。

灭火器的种类较多，如表 4-11 所示。常用的灭火器主要有干粉灭火器、二氧化碳灭火器、1211 灭火器、泡沫灭火器、清水灭火器。

表 4-11 灭火器的种类及使用范围

种类	使用范围
干粉灭火器	用于扑救易燃液体、有机溶剂、可燃气体或固体和电气设备引起的初期火灾，不能用于扑救轻金属引起的火灾
二氧化碳灭火器	用于扑救贵重仪器、图书档案、电气设备及其他忌水物品引起的初期火灾，不能扑救钾、钠、镁、铝等引起的火灾
1211 灭火器（二氟一氯一溴甲烷）	用于扑救可燃气体、可燃液体、带电设备及一般物品引起的初期火灾，特别适于扑救精密仪器、电子设备、文物档案等引起的火灾
泡沫灭火器	最适于扑救液体、油引起的火灾，不能扑救水溶性可燃、易燃液体引起的火灾和电气火灾
四氯化碳灭火器	用于扑救电气设备引起的初期火灾
清水灭火器	用于扑救电气设备引起的初期火灾
消防水桶及沙箱	消防水桶：用于扑救一般的初期火灾，不能用于电气设备、易燃液体、遇水急剧氧化物品引起的火灾。沙箱：用于电气设备、液体燃烧引起的火灾

（3）消防设施的管理。

① 每个库房配备的灭火器不得少于 2 个，应悬挂在库外墙上，离地高度不超过 1.5 m，远离取暖设备，防止日光直射。灭火器每隔 15 天就应检查一次，注意药料的完整和出口的畅通。灭火器的部件每半年要检查一次，每年要换药一次。

② 每个独立的库房至少要配备 4 个消防水桶，挂于明显位置，不得挪作他用。

③ 每个仓库附近都要配备一定数量的消防水桶，日常应保持存水满量，冬季防止结冰。

四、库区安全管理

库区安全管理可划分为几个环节，即仓储技术区安全管理、库房安全管理、货物保管安全管理、货物收发安全管理、货物装卸与搬运安全管理、货物运输安全管理、技术检查安全管理、修理和废弃物处理安全管理等。其中，着重讨

论以下几个环节。

（一）仓储技术区安全管理

仓储技术区是库区重地，应严格安全管理。仓储技术区周围围墙高度应大于 2 m，上置高 1.7 m 以上的钢丝网，并设置电网或其他屏障。仓储技术区内道路、桥梁、隧道等通道应畅通、平整。

仓储技术区出入口设置日夜值班的门卫，对进出人员和车辆进行检查和登记，严禁带入易燃、易爆物品和火源。

技术区内严禁危及货物安全的活动（如吸烟、鸣枪、烧荒、爆破等），未经上级部门批准，不准在仓储技术区内进行参观、摄影、录像或测绘。

（二）库房安全管理

经常检查库房结构状况，对于地面裂缝、地基沉降、结构损坏，以及周围山体滑坡、塌方，或防水、防潮层破损和排水沟堵塞等情况，应及时维修和排除。

此外，库房钥匙应妥善保管，实行多方控制，严格遵守钥匙领取手续。对于存放易燃、易爆或贵重货物的库房，要严格执行两人分别掌管钥匙和两人同时进库的规定。有条件的库房，应安装安全监控装置，并认真使用和管理。

（三）货物装卸与搬运安全管理

仓库机械应实行专人专机，建立岗位责任制，防止丢失和损坏，操作手应做到"会操作、会保养、会检查、会排除一般故障"。根据货物尺寸、重量、形状来选用合理的装卸、搬运设备，严禁超高、超宽、超重、超速及其他不规范操作。不能在库房内检修机械设备。驾驶车辆时，在狭小通道、出入库房或接近货物时应减速鸣笛。

（四）仓库的其他安全管理

1. 防台风

我国华南、华东沿海地区经常受到台风的侵害。处在这些地区的仓库要高度重视防台工作，避免这种灾难性天气对仓储造成严重的危害。仓库应设置专门的防台办公室或专门人员，负责研究仓库的防台工作，制订防范工作计划，收听天气预报和台风警报，与当地气象部门保持联系，组织防台检查，管理相关文件，承担台汛期间防台联络组织工作。在台汛期间，建立通信联络、物资供应、紧急抢救、机修、排水、堵漏、消防等临时专业小组。

对于台风，应做好以下几个方面的预备措施：

（1）积极防范。台风并不是年年都在一个地区登陆，防台工作是一项防患于未然、有备无患的工作。企业要对员工特别是领导干部进行防台宣传和教育，始终保持警惕、不能麻痹。

（2）全员参与。台风不仅会对仓储货物造成损害，还会对仓库建筑、设备、设施、场地、树木，以及物料备料、办公设施等其他公共财产造成严重损害。防台抗台工作是所有员工的工作，需要全员参与。

（3）不断改善仓库条件。为了使防台抗台工作取得胜利，需要有较好的硬件设施和条件，以提高仓库设施设备的抗风、防雨、排水防水浸的能力；减少使用简易建筑，及时拆除危房、违建和维修加固老旧建筑、围墙等；提高仓库、货场的排水能力；购置和妥善维修水泵等排水设备，备置堵水物料；牢固设置仓库、场地的绑扎固定绳桩。

2．防汛

暴雨和洪水时常会对货物的安全仓储带来不利影响，所以应认真做好仓库防汛工作。

（1）建立组织。汛期到来之前，要成立临时性的短期工作机构，在领导的统一指挥下，具体组织防汛工作。

（2）积极防范。平时要加强宣传教育，提高员工对自然灾害的认识；在汛期，员工应轮流守库，职能机构定员驻库值班，领导现场坐镇，以便在必要时，统一指挥，积极组织抢救。

（3）加强联系。仓库防汛组织要主动争取上级主管部门的支持，并与气象部门加强联系，了解汛情动态，预见汛情发展情况，克服工作盲目性，增强主动性。

除此之外，还要注意改造陈旧仓库的排水设施，提高货位，新建仓库应考虑历年汛情的影响，使库场设施能抵御雨汛的影响。

3．防雷

仓储企业应在每年雷雨季节来临之前，对防雷措施进行全面检查。检查内容主要有以下几个方面：

（1）建筑物维修或改造后是否改变了防雷装置的保护情况。

（2）有无因挖土方、铺设管线或种植树木而挖断接地装置。

（3）各处明装导体有无开焊、锈蚀后截面过小而导致损坏、折断等情况。

（4）接闪器有无因受到雷击而熔化或折断。

（5）避雷器磁套有无裂缝、碰伤、污染、烧伤等。

（6）引下线距地 2 m 一段的绝缘保护处理有无破坏。

（7）支持物是否牢固，有无歪斜、松动。

（8）引下线与支持物的固定是否可靠。

（9）断接卡子有无接触不良。

（10）木结构接闪器支柱或支架有无腐蚀。

（11）接地装置周围土壤有无塌陷。

（12）测量全部接地装置的流散电流。

4．防震

首先，在仓库建筑上，要以储存货物的价值大小为依据。审视其建筑物的结构、质量状况，从储存货物的实际需要出发，合理使用物力、财力，进行相应的加固。新建的仓库，特别是多层建筑，如现代化立体仓库，更要结合当地地质结构类型，预见地震的可能性，在投资上予以考虑，做到有所准备。其次，在信息收集上，要密切关注毗邻地区及地震部门预测和预报资料。再次，在组织抢救上，要做充分的准备。当接到有关部门地震预报时，要建立必要的值班制度和相应的组织机构；当进入临震状态时，仓库领导要通盘考虑，全面安排，合理分工，各负其责，做好宣传教育工作，动员员工全力以赴，做好防震工作。

5. 防静电

爆炸物和油品应采取防静电措施。静电的安全防护应由懂技术的专人负责，并配备必要的检测仪器，以便发现问题能及时采取措施。

所有防静电设施都应保持干净，防止化学腐蚀、油垢玷污和机械碰撞损坏。仓库主管每年应对防静电设施进行1~2次的全面检查，测试应当在干燥的气候条件下进行。

 拓展提升

学会使用灭火器

一、情境

灭火器是仓储必备的消防设施，只有掌握正确的使用方法，才能在紧急情况发生时及时采取措施，将损失降到最小。本次训练的目的是掌握最常用的灭火器（干粉灭火器）的使用方法。

二、准备

1. 准备两个手提式干粉灭火器（图4-26）。
2. 准备两个火盆和一些助燃的报纸。

图4-26　手提式干粉灭火器

三、步骤

1. 将灭火器带到现场：手提灭火器快速跑向起火地点，在距火源5 m左右位置，放下灭火器。使用灭火器前，应上下翻腾几次，防止干粉结块。
2. 打开铅封：未开封的灭火器处于保护状态，无法正常使用，必须打开铅

封才能使用，如图 4-27 所示。

3. 左手拿住灭火器喷管，右手提压把手，保证灭火器竖直，如图 4-28 所示。在上风口处将喷管对准火源底部灭火。

图 4-27　打开铅封　　　　　图 4-28　左右手操作要点

4. 站在距火源 2 m 的地方，左手拿着喷管，右手用力下压把手，对准火源底部喷射，如图 4-29 所示。灭火过程中由近及远，逐步控制住火势，右手注意持续按压保证干粉正常喷射。

图 4-29　站在距火源 2 m 的地方

5. 要做到彻底灭火，防止火源复燃。

学习评价

评价点	分值	个人自评（占30%）	小组评价（占30%）	教师评价（占40%）	得分	总分
能否根据实际情况进行货位管理	15					
对货物名称、编号的熟悉情况	15					
对仓库空气温湿度控制与调节方法的认知程度	15					
能否熟知商品盘点差异的解决方法	15					
能否注意装卸与搬运安全	10					
能否掌握货物安全储存技术要点	10					
拓展提升完成情况	10					
在团队合作中的表现	10					

项目检测

一、单选题

1. 采用"四号定位"方法，四个号码分别表示 2 号库房、第 11 个货架、第 3 层中的第 5 格。四个号码顺序依次是（　　）。
   A. 11-3-5-2　　　　　　　　B. 3-11-5-2
   C. 5-3-11-2　　　　　　　　D. 2-11-3-5

2. 分区分类规划是指按照库存货物的（　　）划分出类别。
   A. 性质　　　B. 数量　　　C. 形状　　　D. 规格

3. 到仓库内清点数量，再依货物单价计算出实际的库存金额的方法被称为（　　）。
   A. 实地盘点法　　　　　　　B. 账面盘点法
   C. 期末盘点法　　　　　　　D. 循环盘点法

4. 相邻两层之间咬合交叉，托盘货体稳定性较高，不易塌垛的堆垛方式是（　　）。
   A. 重叠式　　　　　　　　　B. 旋转交错式
   C. 纵横交错式　　　　　　　D. 正反颠倒式

5. 苫垫用品属于（　　）。
   A. 保管用品　　　　　　　　B. 养护检验用品
   C. 消防安全设备　　　　　　D. 通风、保管、照明设备

6. 温度计属于（　　）。
   A. 计量设备　　　　　　　　B. 劳动防护设备
   C. 消防安全设备　　　　　　D. 养护检验设备

7. 检查商品有无受潮、霉变、生虫等属于（　　）。
   A. 外观检验　　　　　　　　B. 理化检验
   C. 机械物理性检验　　　　　D. 化学成分检验

8. 对于化学品的储存，应依据（　　）分区分类储存。
   A. 不同货主　　　　　　　　B. 货物的流向
   C. 危险性　　　　　　　　　D. 货物的种类和性质

9. 为使货物出入库更容易，方便在仓库内移动，在堆码货物时，应遵循（　　）原则。
   A. 重下轻上　　　　　　　　B. 尽可能地向高处堆码
   C. 面向通道进行保管　　　　D. 依据形状安排保管方法

10. 对货物进行盘点一般采用（　　）。
    A. 实地盘点方法　　　　　　B. 账面盘点方法
    C. 统计盘点方法　　　　　　D. 点算盘点方法

11. 位于仓库一切管理工作首位的是（　　）。
    A. 安全工作　　　B. 财务工作　　　C. 人事工作　　　D. 教育工作
12. 生产、生活用的炉火，打火机的火焰和燃烧的香烟属于（　　）。
    A. 明火　　　　　B. 电火花　　　　C. 闪电　　　　　D. 反应热
13. 引起火灾的间接火源主要是（　　）。
    A. 明火　　　　　B. 电火花　　　　C. 发热　　　　　D. 雷电

二、多选题

1. 货物分区分类储存的原则有（　　）。
   A. 性能一致　　　　B. 作业手段一致　　　C. 消防方法一致
   D. 货物种类一致　　E. 养护方法一致
2. 货物分区分类储存的方法主要包括（　　）。
   A. 按货物的流向分区分类储存
   B. 按货物的危险性分区储存
   C. 按货物的种类和性质分区分类储存
   D. 按不同货主分区分类储存
   E. 按所使用的仓储设备分区分类储存
3. 对货物进行合理的堆码，其优点主要体现在（　　）。
   A. 有利于降低管理成本　　　　B. 有利于提高仓容利用率
   C. 有利于提高收发作业的效率　D. 有利于提高养护工作的效率
   E. 有利于提高入库货物的储存保管质量
4. 货物堆码的方式主要有（　　）。
   A. 散堆方式　　　　B. 货架方式　　　　C. 垛堆方式
   D. 成组堆码方式　　E. 独立个体方式
5. 货物入库后，预防货物质量变化的措施有（　　）。
   A. 健全仓库货物管理制度　　B. 保持仓库的清洁卫生
   C. 妥善进行堆码和苫垫　　　D. 认真控制库房空气温湿度
   E. 做好货物在库质量检查
6. 仓库常用的吸潮材料主要有（　　）。
   A. 纯碱　　　　　B. 硫黄　　　　　C. 硅胶
   D. 生石灰　　　　E. 氧化钙
7. 仓库不安全因素主要有（　　）。
   A. 自然灾害　　　　　　　　B. 管理人员认识上的局限性
   C. 管理人员素质不高　　　　D. 易燃、易爆危险品
8. 安全检查的主要内容有（　　）。
   A. 查领导　　　　B. 查思想　　　　C. 查隐患　　　　D. 查管理
9. 常用的灭火方法有（　　）。
   A. 冷却法　　　　B. 窒息法　　　　C. 拆移法　　　　D. 隔离法

三、判断题

1. 仓库的保卫和警卫工作，主要是指仓库的治安、保卫和警卫工作。
（　　）

2. 仓库的消防工作，主要是指仓库的灭火工作。　　　　（　　）

3. 仓库的安全作业，主要包括仓库保管员在进出仓库过程中的安全技术操作工作。（　　）

4. 若要进行电焊、气割、烘烤等明火作业，必须经消防部门批准。（　　）

5. 储存易燃、易爆危险品的仓库，库内及进出库的车辆、人员必须严禁烟火。（　　）

项目五

配货作业

> ▶ 项目提要

> 本项目旨在让学生对配货作业有一个全面的认识，重点是掌握分拣作业中货物的处理流程，以及能够熟练使用分拣设备进行高效率的拣货、理货作业。其中，任务一主要讲述分拣作业流程；任务二主要讲述补货作业的一般流程、补货作业的方式、补货时机等；任务三主要讲述流通加工作业的概念、特点和作用，流通加工的分类和合理化的措施，等等。学生通过学习这些内容，能够拓宽知识面和视野，明确分拣作业与在库作业、出库作业的关系，了解配送中分拣作业所涉及的工作岗位。

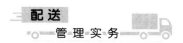

知识结构图

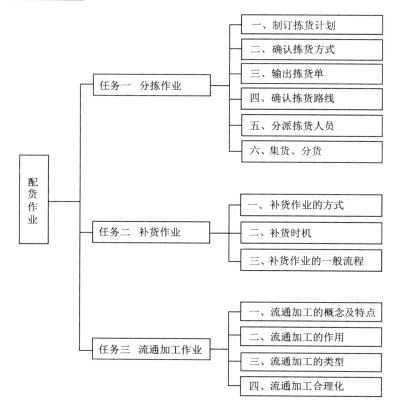

任务一 分拣作业

学习任务

任务名称	分拣作业	班级		完成时间	
学习目标	1. 知识目标：明晰分拣作业的拣货单位和拣货信息；熟悉分拣作业的处理流程和环节；掌握拣货的方式。 2. 能力目标：会利用分拣设备进行拣货、理货。 3. 素质目标：树立客户第一的服务理念，满足客户的不同需求；培养效率意识、成本意识和责任意识。				
任务发布	1. 何为分拣？拣货的单位有哪些？ 2. 拣货的方式有哪些？各种方式呈现出什么特点？				

续表

任务实施	1. 组队分工，制订计划，明确任务。 2. 按计划和分工实施任务。 3. 各组员交流学习成果，整合知识。			
组员及分工情况	小组名称		组长	
	组　　员			
	任务分工			

2023年9月1日，ABC配送中心接到多家客户发来的订单，按照客户的订货要求，需要对库存货物进行分拣作业并出库。请根据客户订单进行分拣作业，具体客户订单如表5-1、表5-2所示。

表5-1　客户订单1

订单号	CQT00001	客户名称	人人乐超市	紧急程度	一般
库房	常青藤库房	出库类型	正常出库	出库方式	送货上门
收货人	人人乐超市				
计划出库时间	2023年9月10日				
货品编码	货品名称	规格	单位	数量	批次	备注
6901285991219	怡宝矿泉水		箱	20		
6900451666296	百事可乐		瓶	6		周转箱
6902083881405	康师傅冰红茶		瓶	4		周转箱
6921168509256	农夫山泉		瓶	3		周转箱
6920459905012	统一冰红茶		瓶	5		周转箱
6922266414138	清风卷纸（红）		卷	3		周转箱
6901894121021	白猫洗洁精		瓶	4		周转箱
6902083886455	娃哈哈营养快线		箱	8		先进先出

表 5-2　客户订单 2

订单号	CQT00002	客户名称	好又多超市	紧急程度	一般
库房	常青藤库房	出库类型	正常出库	出库方式	送货上门
收货人	好又多超市					
计划出库时间	2023 年 9 月 10 日					
货品编码	货品名称	规格	单位	数量	批次	备注
6921168509256	康师傅包装饮用水		瓶	5		周转箱
6900451666296	脉动		瓶	4		周转箱
6920459905012	统一冰红茶		瓶	5		周转箱
6901285991219	怡宝矿泉水		箱	15		
6922266414138	清风卷纸（红）		卷	4		周转箱
6902827100069	可口可乐		瓶	3		周转箱

任务提示

要想完成以上任务，必须清楚分拣作业的流程，即从接到配送中心订单处理人员确认的订单后，依据客户的订货要求，确定拣货方式、编制拣货单、制定拣货路径、安排拣货人员等。在任务实施的过程中要清楚流程中每一个环节的工作内容，领会各环节需要的知识和技能。

任务实施

分拣作业是依据客户的订货要求或配送中心的送货计划，尽可能迅速、准确地将货物从其储位或其他区域拣取出来，并按一定的方式进行分类、集中，等待配送装货的作业过程。

在配送作业的各环节中，分拣作业工作量大，工艺复杂，要求作业时间短、准确度高，服务质量好，因其拣选成本占物流搬运成本的绝大部分，故是配送业务中极其重要的一环。因此，采用科学的拣货方式、提高拣货作业效率是降低配送成本的重要举措。

分拣作业流程如图 5-1 所示。

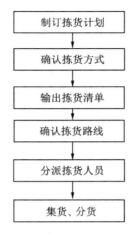

图 5-1　分拣作业流程

一、制订拣货计划

配送中心接到客户订单后,需要对客户订单制订拣货计划,形成拣货资料。制订拣货计划前,需要清楚拣货单位及拣货信息的传递方式,熟悉拣货手段。

(一) 拣货单位

一般来说,拣货单位可分为托盘、箱及单品三种。通常,托盘的体积及重量最大,其次为箱,最小为单品。

1. 单品

单品是拣货的最小单位,单品可从箱中取出,可用单手拣取。

2. 箱

箱由单品组成,可从托盘上取出,必须用双手拣取。

3. 托盘

托盘由箱堆叠而成,必须利用堆高车和手动叉车等机械设备搬运。

此外,对于体积大、形状特殊,或必须在特殊条件下作业的货物,如大型家具、桶状液体、散装颗粒、冷冻品等,拣货时以特定的包装形式和包装单位为标准。

拣货单位是由订单分析出来的结果决定的,如果订货的最小单位是箱,则不要以单品为拣货单位。要根据实际情况对库存的每一种货物做出分析,以判断出拣货单位。但一些货物可能需要有两种以上的拣货单位,设计时要针对每一种区别考虑。

(二) 拣货信息的传递方式

拣货信息来源于客户订单,它是拣货作业规划中的重要一环。拣货信息的作用在于指导拣货作业的进行,使拣货人员能正确而迅速地完成拣货作业。拣货信息的传递方式有传票、拣货单、标签、条形码、无线通信及自动拣货系统等。

1. 传票

直接利用订单或公司的交货单来作为拣货指示根据。

2. 拣货单

把原始的客户订单输入计算机进行拣货信息处理后打印出拣货单。这种传递方式的优点是避免传票在拣货过程中受污损和货物货位编号可显示在拣货单上。

3. 标签

用印有货物名称、位置、数量和价格等信息的标签取代拣货单。由于货物和标签同步前进，所以可使用扫描器来读取印在货物上的标签，这样不仅方便而且错误率极低。

4. 条形码

条形码主要作为商品从制造、批发到销售作业中自动化管理的符号。通过条形码识别器自动读取的方式，不仅能正确且快速地掌握商品信息，而且能提高库存管理精度，是一种实现商品管理现代化的有效方法。例如，利用条形码识别器来读取表示货位编码的条形码后，可以轻易取得货物保管位置的信息。

5. 无线通信

通过安装在仓库内的无线通信设备，把拣货信息传递给拣货人员。

6. 自动拣货系统

将拣货信息输入自动拣货系统后，系统会自动完成拣货作业，无须人工作业。

（三）拣货手段

拣货手段按照自动化程度可分为人工拣货、机械辅助拣货、自动拣货。

1. 人工拣货

人工拣货基本上是靠人力或利用简单的设备进行拣取、搬运，把所需的货物拣取出来，分门别类地运送到指定地点。这种拣货手段劳动强度大，分拣效率低。

2. 机械辅助拣货

机械辅助拣货是以机械为主要的输送工具，靠人工进行拣选。这种拣货手段用得最多的机械设备是链条式输送机、辊道输送机等。机械辅助拣货也可称为"输送机拣货"，我国大部分企业采取这种拣货手段。

3. 自动拣货

自动拣货是利用计算机和自动化设备配合，完全不需要人工。例如，自动化立体仓库通过计算机控制巷道堆垛机拣取货物，再用输送机进行输送。

拣货方式

二、确认拣货方式

在选择拣货方式时，需要从多个方面考虑。例如，在订单数量上，可以对订单进行单一分拣，也可以对订单进行批量分拣；在人员分配上，可以采用一人一单分拣法，也可以采用多人分拣法或分区分拣法。

例如，"任务情境"中的两张订单，都涉及多种货物，但是相同的货物较少，所以我们可以选择按订单拣取的方式来完成拣货作业。

具体来说，拣货方式有三种，分别是按订单拣取、批量拣取和复合拣取。

（一）按订单拣取（摘果法）

按订单拣取又称摘果法，是针对每一张订单，作业员巡回于仓库内，按订单所列的货品及数量，将客户所订购的货品逐一从仓库储位或其他作业区中取出，然后集中的拣货方式。进行拣选式配货时，以出货单为准，每位拣货员按照品类顺序或储位顺序，到每个品类的储位下层的拣货区拣取出货单内该品类的货品，码放在托盘上；然后再继续拣取下一个品类，一直到该出货单上所有货品拣取结束；最后，将拣好的货品与出货单放置于待运区特定的位置，由出货验收人员接手。按订单拣取的流程如图5-2所示。

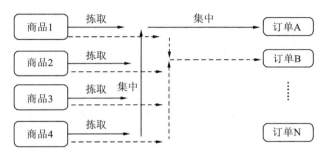

图 5-2 按订单拣取的流程

1. 按订单拣取的优点

（1）作业前置时间短，作业方法简单，接到订单后可立即拣货、送货。

（2）作业人员责任明确，易于安排人力。

（3）拣货后不用进行分货作业，适用于大批量、少品种订单。

2. 按订单拣取的缺点

（1）拣货区域大时，搬运系统设计困难。

（2）货品品类多时，拣货路径加长，拣货效率降低。

（3）少量多次拣取时，拣货路径重复，拣货效率降低。

3. 按订单拣取的适用范围

按订单拣取方式适合订单大小差异较大、订单数量变化频繁、季节性强的货品。在货品外形体积变化较大、货品差异较大的情况下，也宜采用这种拣货方式，如化妆品、家具、电器、高级服饰等。

（二）批量拣取（播种法）

批量拣取又称播种法，即把多张订单集合成一个批次，按货物品类汇总后再进行拣取，然后按不同客户或不同订单做分类处理。分拣人员先将每批订单上的相同货物累加起来，从储存仓位上取出，集中搬运到理货区域，然后将每一个要货单位（客户）所需的数量取出，分放到该要货单位货物暂存待运区域，如此反复进行，直至客户所需货物全部分放完毕，即完成各个客户的配货工作。批量拣取的流程如图5-3所示。

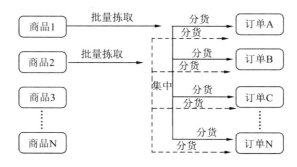

图 5-3 批量拣取的流程

1. 批量拣取的优点

（1）适合批量大的订单。

（2）可以缩短拣取货物时的行走时间，增加单位时间的拣货量。

（3）对于量少、次数多的配送，批量拣取更有效。

2. 批量拣取的缺点

对紧急订单无法做及时处理，必须等订单积累到一定数量时，才能进行一次性的处理，因此会有停滞时间产生。

3. 批量拣取的适用范围

批量拣取方式通常在系统化、自动化设备齐全，作业速度高的情况下采用，适合订单变化较小、订单数量稳定的配送和外形较规则、固定的货品，如箱装、袋装的货品。另外，需要进行流通加工的货品也可采用批量拣取方式，拣取完成后再进行批量加工、分类配送，这样有利于提高拣货及加工的效率。

（三）复合拣取

复合拣取是将上述两种方式组合起来的拣货方式，即根据订单的品种、数量及出库频率，确定哪些订单适合按订单拣取、哪些订单适合批量拣取，然后分别采用不同的拣货方式。

三、输出拣货清单

依据"任务情境"中的两张订单，生成拣货单。如果采用批量拣取方式，拣货单可以制成一种货品一张清单，也可以制成多种货品一张清单。关于出货货位，我们需要查询库存信息才能清楚，查询后，按照先进先出原则拣货，然后填入表5-3和表5-4。

表 5-3　拣货单 1

收货人	人人乐超市					
货品编码	货品名称	月台	单位	数量	出货货位	备注
6901285991219	怡宝矿泉水	发货区	箱	20		
6900451666296	百事可乐	发货区	瓶	6		周转箱
6902083881405	康师傅冰红茶	发货区	瓶	4		周转箱
6921168509256	农夫山泉	发货区	瓶	3		周转箱
6920459905012	统一冰红茶	发货区	瓶	5		周转箱
6922266414138	清风卷纸（红）	发货区	卷	3		周转箱
6901894121021	白猫洗洁精	发货区	瓶	4		周转箱
6902083886455	娃哈哈营养快线	发货区	箱	8		先进先出
合计						

表 5-4　拣货单 2

收货人	好又多超市					
货品编码	货品名称	月台	单位	数量	出货货位	备注
6921168509256	康师傅包装饮用水	发货区	瓶	5		周转箱
6900451666296	脉动	发货区	瓶	4		周转箱
6920459905012	统一冰红茶	发货区	瓶	5		周转箱
6901285991219	怡宝矿泉水	发货区	箱	15		
6922266414138	清风卷纸（红）	发货区	卷	4		周转箱
6902827100069	可口可乐	发货区	瓶	3		周转箱
合计						

四、确认拣货路线

配送中心工作人员依据拣货单所提示的货品编码、出货货位等信息，明确货品所处的位置，确定合理的拣货路线，要以最少时间、最短路线、最合理的拣货路径来拣取货品。拣货路线具体要根据配送中心储存区域来决定，一般情况下，应按从储存区域的入口到出口的顺序来确定拣货路线。还有些配送中心是安排固定的人员在不同的区域，拣货时采用接力的方式完成拣货作业。

五、分派拣货人员

拣货时，拣货人员或机器必须直接接触货物，这个过程有以下两种方式。

1. 人→物方式

拣货人员步行或驾驶拣货车辆到货物储存区，到达货物储存的位置。货物保持静态的储存方式，主要移动者是拣货人员。

2. 物→人方式

和第一种方式相反，主要移动者是货物，拣取人员在固定位置作业，不需要寻找货物的储存位置。货物保持动态的储存方式，如智能仓储、智能配送中心等。

六、集货、分货

拣取完毕后，配送中心需要再根据不同的客户或送货路线进行分货、集中，有些需要进行流通加工的货物还须根据加工方法进行分货。在分货过程中，多品种分货的工艺过程较复杂，难度也大，容易出现错误，必须在统筹安排形成规模效应的基础上，提高作业的精确性。在货物体积小、重量轻的情况下，可以采用计算机辅助机械化分货方式，还可以利用自动分货机将拣取出来的货物进行分货与集中。分货完成后，货物经过查对、包装，便可以出库、装运、送货。

分拣作业训练

一、按订单拣取

利用智慧物流综合业务系统，对表5-5、表5-6所示的分拣订单进行分拣作业。

表5-5 分拣订单1

订单号	CK001	客户名称	大润发超市	紧急程度	一般
库房	ABC配送中心	出库类型	正常出库	出库方式	客户自提
收货人	大润发超市				
计划出库时间	2023年12月8日				
货品编码	货品名称	规格	单位	数量	批次	备注
6922266452154	清风卷纸（原木纯品）		卷	3		周转箱
6928804013740	冰露矿泉水		瓶	3		周转箱
6921168509256	农夫山泉		瓶	3		周转箱
6902827100069	可口可乐		瓶	4		周转箱
6900451666296	百事可乐		瓶	2		周转箱
6901894121670	白猫柠檬红茶洗洁精		瓶	6		周转箱

表 5-6　分拣订单 2

订单号	CK002	客户名称	欧尚超市	紧急程度	一般
库房	ABC 配送中心	出库类型	正常出库	出库方式	出库配送
收货人	欧尚超市				
计划出库时间	2023 年 12 月 8 日				
货品编码	货品名称	规格	单位	数量	批次	备注
6922266452154	清风卷纸（原木纯品）		卷	2		周转箱
6928804013740	冰露矿泉水		瓶	3		周转箱
6921168509256	农夫山泉		瓶	4		周转箱
6902827100069	可口可乐		瓶	2		周转箱
6902083886455	娃哈哈营养快线		瓶	4		周转箱

第一步：根据接到的客户订单，利用智慧物流综合业务系统生成拣货单。

第二步：拣货人员根据拣货单选择合适的设备进行拣货。

第三步：拣货人员完成拣货任务后将拣好的货品搬运至待出库理货区并签字确认。

二、批量拣取

请根据以下 5 张分拣订单（表 5-7 至表 5-11），采用批量拣取方式进行分拣作业。

表 5-7　分拣订单 1

订单号	CK003	客户名称	美乐商贸	紧急程度	一般
库房	ABC 配送中心	出库类型	正常出库	出库方式	送货上门
收货人	美乐商贸				
计划出库时间	2023 年 12 月 9 日				
货品编码	货品名称	规格	单位	数量	批次	备注
6901285991219	怡宝矿泉水		瓶	2		周转箱
6900451666296	百事可乐		瓶	6		周转箱
6902083881405	康师傅冰红茶		瓶	4		周转箱
6921168509256	农夫山泉		瓶	3		周转箱
6920459905012	统一冰红茶		瓶	5		周转箱
6900000000182	小熊学数学第二阶段		张	4		周转箱
6900000000212	小熊学美术套装（阶段1—4）		套	3		周转箱
6922266414138	清风卷纸（红）		卷	3		周转箱

续表

货品编码	货品名称	规格	单位	数量	批次	备注
6901894121021	白猫洗洁精		瓶	4		周转箱
6902083886455	娃哈哈营养快线		箱	8		先进先出
6900000000182	小熊学美术第四阶段		张	5		周转箱
6900000000212	小熊学习系列套装第二阶段		套	2		周转箱
6902827100069	可口可乐		瓶	3		周转箱

表 5-8　分拣订单 2

订单号	CK004	客户名称	好又多超市	紧急程度	一般
库房	ABC 配送中心	出库类型	正常出库	出库方式	送货上门
收货人		好又多超市			
计划出库时间		2023 年 12 月 9 日			

货品编码	货品名称	规格	单位	数量	批次	备注
6921168509256	康师傅包装饮用水		瓶	5		周转箱
6900451666296	脉动		瓶	4		周转箱
6920459905012	统一冰红茶		瓶	5		周转箱
6901285991219	怡宝矿泉水		瓶	3		周转箱
6900000000182	小熊学美术第四阶段		张	5		周转箱
6900000000212	小熊学习系列套装第二阶段		套	2		周转箱
6922266414138	清风卷纸（红）		卷	4		周转箱
6902827100069	可口可乐		瓶	3		周转箱

表 5-9　分拣订单 3

订单号	CK005	客户名称	欧尚超市	紧急程度	一般
库房	通华常州仓库	出库类型	正常出库	出库方式	客户自提
收货人		欧尚超市			
计划出库时间		2023 年 12 月 9 日			

货品编码	货品名称	规格	单位	数量	批次	备注
6922266452154	清风卷纸（原木纯品）		卷	3		周转箱
6928804013740	冰露矿泉水		瓶	3		周转箱

续表

6921168509256	农夫山泉		瓶	3		周转箱
6900000000076	小熊学电脑第三阶段		张	4		周转箱
6900000000205	小熊学数学套装（阶段1—4）		套	2		周转箱
6901894121670	白猫柠檬红茶洗洁精		瓶	6		周转箱
6922266437359	清风卷纸（新韧纯品）		箱	10	先进先出	纸箱

表5-10 分拣订单4

订单号	CK006		客户名称	苏果超市	紧急程度	一般
库房	ABC配送中心		出库类型	正常出库	出库方式	出库配送
收货人	苏果超市					
计划出库时间	2023年12月9日					
货品编码	货品名称	规格	单位	数量	批次	备注
6922266452154	清风卷纸（原木纯品）		卷	2		周转箱
6928804013740	冰露矿泉水		瓶	3		周转箱
6921168509256	农夫山泉		瓶	4		周转箱
6900000000090	小熊学英语套装（阶段1—4）		套	2		周转箱
6900000000151	小熊学美术第三阶段		张	4		周转箱
6922266437359	清风卷纸（新韧纯品）		箱	3	先进先出	纸箱

表5-11 分拣订单5

订单号	CK007		客户名称	爱家超市	紧急程度	一般
库房	常青藤配送中心		出库类型	正常出库	出库方式	客户自提
收货人	爱家超市					
计划出库时间	2023年12月9日					
货品编码	货品名称	规格	单位	数量	批次	备注
6922266452154	清风卷纸（原木纯品）		卷	3		周转箱
6901894121670	白猫柠檬红茶洗洁精		瓶	8		周转箱
6928804013740	康师傅红烧牛肉面		瓶	10		周转箱
6901285991219	怡宝矿泉水		瓶	6		周转箱
6900000000076	小熊学计算机第三阶段		张	4		周转箱
6900451666296	百事可乐		箱	6	后进先出	纸箱

第一步：根据订单信息，利用智慧物流综合业务系统生成拣货单。

第二步：拣货人员根据拣货单拣取各类货品总量。

第三步：拣货人员用 RF 手持终端机扫描货品，信息系统接收到扫描信息后，电子标签系统显示对应的客户或门店需要该货品的数量，拣货人员以此为拣货依据。

第四步：拣货人员按照电子标签系统显示信息拣取指定数量的该类货品，放入对应客户或门店周转箱。

三、步骤

1. 将学生分成若干小组，每组设组长一名。
2. 教师向每组学生发放资料，明确任务目标。
3. 各小组在组长带领下分别用两种方式完成分拣作业。
4. 各小组对任务完成情况进行汇报。
5. 教师对各小组任务完成情况进行点评，并对涉及的理论知识进行讲解。
6. 各小组针对出现的问题进行总结反思，并对原方案进行修订。

知识拓展 **拣货人员应该具备的职业素养**

1. 职业道德

热爱本职工作，有较高的思想文化素质；能够按照计划好的拣货路线行走，按照标准流程执行。

认真学习分拣作业相关知识，掌握集货和分拨的业务知识。

熟悉仓库各区域的布局和结构，能判断出合理的拣货路线，不走回头路。

接受自动化分拣技术，认同智能化分拣设备，熟悉并掌握该类设备使用方法，提高业务知识水平。

具有一定的合作协调能力，与同事友好交流沟通。

2. 服务规范

勤恳敬业，即工作勤奋、钻研业务。

廉洁奉公，即一心为公、廉洁无私。

尊重客户，即礼貌待客、客户为上。

爱护货物，即视同己物、文明操作。

遵章守纪，即令行禁止、照章办事。

顾全大局，即团结协作、密切配合。

优质服务，即主动热情、细心周到。

诚实守信，即坦诚相见、恪守信用。

任务二 补货作业

学习任务

任务名称	补货作业	班级		完成时间	
学习目标	1. 知识目标：掌握补货作业的方式；熟悉补货作业的基本流程和特点。 2. 能力目标：能根据库存信息及出库单制定补货单并完成补货作业。 3. 素质目标：树立效率意识与节约意识。				
任务发布	1. 补货作业的作用是什么？ 2. 补货作业的基本流程是什么？ 3. 根据要求，熟练进行补货作业，完成作业任务。				
任务实施	1. 组队分工，制订计划，明确任务。 2. 按计划和分工实施任务。 3. 各组员交流学习成果，整合知识体系。				
组员及 分工情况	小组名称			组长	
	组　　员				
	任务分工				

任务情境

ABC 配送中心按照客户欧尚超市的要求，需要对缺货商品进行补货作业。请根据库存信息及出库订单要求，进行补货作业。

（1）库存信息如表 5-12 所示。

表 5-12　库存信息

序号	货品编码	货品名称	数量	品类	安全库存	单位
1	6920459905012	统一冰红茶	15	饮料	3	瓶
2	6902827100069	可口可乐	10	饮料	3	瓶
3	6902083881405	康师傅冰红茶	8	饮料	3	瓶
4	6921168509256	农夫山泉	6	饮料	3	瓶
5	6901285991219	怡宝矿泉水	10	饮料	3	瓶
6	6922266437359	清风卷纸（新韧纯品）	10	日用品	3	卷

续表

序号	货品编码	货品名称	数量	品类	安全库存	单位
7	6901894121670	白猫柠檬红茶洗洁精	18	日用品	5	瓶
8	6902083886455	娃哈哈营养快线	10	饮料	3	瓶
9	6925303721367	统一绿茶	7	饮料	3	瓶
10	6922266452154	清风卷纸（原木纯品）	9	日用品	3	卷
11	6928804013740	冰露矿泉水	12	饮料	5	瓶
12	6900451666296	百事可乐	10	饮料	10	瓶

（2）出库订单如表5-13所示。

表5-13 出库订单

订单号	CK001	客户名称	欧尚超市	紧急程度	一般
库房	通华常州仓库	出库类型	正常出库	出库方式	客户自提
收货人	欧尚超市				
计划出库时间	2023年12月8日				
货品编码	货品名称	规格	单位	数量	批次	备注
6922266452154	清风卷纸（原木纯品）		卷	3		周转箱
6901894121670	白猫柠檬红茶洗洁精		瓶	8		周转箱
6928804013740	冰露矿泉水		瓶	10		周转箱
6901285991219	怡宝矿泉水		瓶	6		周转箱
6900451666296	百事可乐		瓶	6	先进先出	纸箱

任务提示

查看出库订单中需要出库的货品数量，再逐一查询核对库存信息，计算在库货品是否满足出库需要，不满足的话，就需要补货。如果有多张出库订单，则需要先将多张出库订单上相同品种的货品相加，再逐一核对库存信息，计算是否满足出库需要。

任务实施

一、补货作业的方式

补货作业的目的是确保货品能保质保量且按时送到指定的拣货区。通常情况下，补货作业有三种方式。

（一）整箱补货

整箱补货是由货架保管区补货到拣货区。这种补货作业方式由作业人员到货架保管区取货箱，用手推车运载货箱到拣货区，或者由手动叉车搬运至动管区，再把剩余货物搬运回原库位。这种方式适用于体积小且少量多样出货的商品。

（二）托盘补货

托盘补货是以托盘为单位进行补货，把托盘由保管区运到动管区。当存货量低于设定标准时，立即补货。这种方式适用于体积大或出货量多的商品。

（三）货架上层至货架下层补货

货架上层至货架下层补货又称垂直补货。将货架的上层作为保管区、下层作为动管区。当动管区的存货量低于设定标准时，利用堆垛机将上层保管区的货物搬至下层动管区。这种方式适用于体积不大、存货量不多，且多为中小量出货的商品。

二、补货时机

补货作业发生与否主要看动管区的存货量是否符合需求，因此何时补货要看动管区的存货量。

（一）批次补货

在每天每一批次货品分拣之前，先计算所需拣取货品总量，再查看动管区的存货量，计算差额并在拣货作业开始之前一次性补足货品。这种"一次性补足"的补货原则，较适用于一天内作业量变化不大、紧急订单不多，或每一批次拣取量大、事先掌握的情况。

（二）定时补货

将一天划分为若干个时段，补货人员在时段内检查动管区货架上的货品数量，如果发现动管区存货量低于设定标准，便立即补货。这种"定时补货"的补货原则，较适用于分批拣货时间固定，且处理紧急订单的时间也固定的情况。

（三）随机补货

这是一种指定专人从事补货作业的方式。这些补货人员随时巡视动管区的存货量。当发现动管区存货量低于设定标准时，随时补货。这种"随机补货"的补货原则，较适用于每一批次拣取量不大、紧急订单较多，一天内作业量不容易预测的情况。

三、补货作业的一般流程

补货作业与拣货作业息息相关，它的筹划必须满足两个条件：确保有货品可配；将待配送货品放置在存取都方便的位置。

补货作业的一般流程

以托盘为单位的补货作业流程如图 5-4 所示,以箱为单位的补货流程也大致相同。

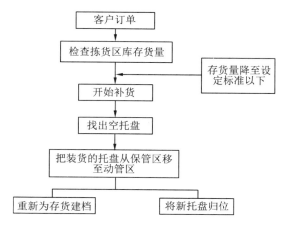

图 5-4 补货作业流程(以托盘为单位)

补货作业的具体工作步骤如下:

步骤一:根据客户订单确认所需补货的货品,计算补货数量。

由于"任务情境"中只有一张出库订单,所以只需要根据出库订单中的每一种货品的库存信息,查看是否需要补货,补多少货。

例如,出库订单中清风卷纸(原木纯品)需要出库 3 卷,库存信息中显示清风卷纸(原木纯品)有 9 卷,充分满足出库数量,则不需要补货。依此类推,冰露矿泉水需要出库 10 瓶,但是库存信息中显示冰露矿泉水有 12 瓶。假如设定的安全库存为 5 瓶,而 2(12-10)瓶低于设定的安全库存,所以需要补货,计划补货 5 瓶。补货后冰露矿泉水是 7(2+5)瓶,大于安全库存。

步骤二:制定补货单。

接上例,可以确定有两种货品需要补货,制定的补货单如表 5-14 所示。

表 5-14 补货单

编号:		补货时间:			经办人:		
序号	存放储位	货品编号	货品名称	单位	补货数量	补货储位	备注
1	A00100	6928804013740	冰露矿泉水	瓶	5	B00300	
2	A00700	6900451666296	百事可乐	瓶	10	B00600	

补货单中的补货储位指的是补货后货品存放的位置,一般情况下,库存信息中有该信息。补货储位是补货拣选的储位,需要经过系统查询得出。补货时要遵循先进先出的补货原则。

步骤三:在系统中录入补货单,并生成补货计划。

步骤四:补货员利用 RF 手持终端机,开始实施补货作业。

步骤五:将需要返库的货品,搬运回原储位。

步骤六：做好补货作业"5S"管理。

其他注意事项如下：

（1）补货员应把在配货过程中所需的货品迅速及时地补充到拣货位，要随叫随到，并实时观察拣货位上货品的出货情况，主动补货。

（2）在拣货过程中，如发现货品不多应及时查询，以便把货品及时补充到位。

（3）补货结束后要清扫所管区域内的卫生，保证作业区域干净整洁。

（4）补货员的补货作业标准是及时、准确。

补货作业训练

一、情境

请根据以下给出的库存信息及出库通知单，完成补货作业。

M配送中心电子标签拣选C区的库存信息，如表5-15所示。

表5-15 库存信息

序号	储物编码	货品编码	货物名称	单价/（元/支）	数量/支	补货点/支
1	C0001	CT0001	佳洁士清透美白牙膏120 g	29	20	20
2	C0002	CT0002	佳洁士锁白致尚技术牙膏120 g	29	26	20
3	C0003	CT0003	佳洁士全优7效牙膏120 g	25	38	20
4	C0004	CT0004	佳洁士3D炫白茉莉茶爽牙膏140 g	25	27	20
5	C0005	CT0005	舒客酵素专研美白牙膏120 g	26	10	6
6	C0006	CT0006	舒客立体爽清早晚牙膏120 g	30	20	30
7	C0007	CT0007	高露洁光感美白牙膏85 g	100	10	30
8	C0008	CT0008	高露洁奇迹修护牙膏180 g	105	46	30
9	C0009	CT0009	舒适达抗敏感专业修复牙膏100 g	50	38	30
10	C0010	CT0010	舒适达抗敏感多重倍护牙膏100 g	50	37	30
11	C0011	CT0011	狮王美白牙膏150 g	15	40	30
12	C0012	CT0012	狮王去烟渍冰爽牙膏130 g	30	45	30
13	C0013	CT0013	狮王酵素美白牙膏130 g	45	26	30
14	C0014	CT0014	中华专研护龈牙膏140 g	36	44	30
15	C0015	CT0015	中华深海晶盐牙膏200 g	35	36	30

出库通知单如表 5-16、表 5-17、表 5-18 所示。

表 5-16　出库通知单 1

发货库房：M 配送中心　　　　　　　　客户名称：家乐福超市
收货单位：家乐福超市 B 市仓库　　　　预计出库时间：2023-04-01 10：00
出库通知单号：20230331C01　　　　　 预计送货时间：2023-04-01 15：30 前

序号	货物名称	数量	单位	备注
1	高露洁光感美白牙膏 85 g	40	支	
2	中华深海晶盐牙膏 200 g	20	支	

表 5-17　出库通知单 2

发货库房：M 配送中心　　　　　　　　客户名称：华联超市
收货单位：华联超市 B 市仓库　　　　　预计出库时间：2023-04-01 10：00
出库通知单号：20230331C02　　　　　 预计送货时间：2023-04-01 15：30 前

序号	货物名称	数量	单位	备注
1	狮王美白牙膏 150 g	30	支	
2	狮王去烟渍冰爽牙膏 130 g	20	支	

表 5-18　出库通知单 3

发货库房：M 配送中心　　　　　　　　客户名称：金鑫百货
收货单位：金鑫百货 B 市仓库　　　　　预计出库时间：2023-04-01 10：00
出库通知单号：20230331C03　　　　　 预计送货时间：2021-04-01 15：30 前

序号	货物名称	数量	单位	备注
1	舒适达抗敏感多重倍护牙膏 100 g	10	支	
2	佳洁士清透美白牙膏 120 g	20	支	

二、要求

1. 根据实际作业情况，当库存不足时进行补货，制订补货作业任务计划，编制补货单。
2. 完成实际补货作业。

三、步骤

1. 将学生分成若干小组，每组设组长一名。
2. 教师向每组学生发放资料，明确任务目标。
3. 各小组在组长带领下完成补货作业。
4. 各小组对任务完成情况进行汇报。
5. 教师对各小组任务完成情况进行点评，并对涉及的理论知识进行讲解。
6. 各小组针对出现的问题进行总结反思，并对原方案进行修订。

知识拓展　　　　补货人员应该具备的职业素质

1. 服务

耐心、礼貌解答顾客的询问。

补货、理货时不可打扰顾客挑选商品。

及时平息和调解一些顾客纠纷。

制止顾客各种违反店规的行为，如拆包、进入仓库等。

面对自己不能解决的问题时，及时请求帮助或向主管汇报。

2. 设备管理

设备不用时，要放在指定位置。

封箱胶、打包带等物品要放在指定位置。

补货员随身携带：笔1支，美工刀1把，手套1副，封箱胶，便签若干。

各种货架的配件和折开的纸箱要及时收回并放在指定位置，不能随意放置。

3. 工作日志

条理清楚，字迹工整。

每日下班结束时填写。

交代未完成的工作内容。

任务三 流通加工作业

学习任务

任务名称	流通加工作业	班级		完成时间	
学习目标	1. 知识目标：熟悉流通加工作业的基本流程，以及流通加工的不同类型和特点。 2. 能力目标：会制定合理的流通加工的方式；会重复简单的流通加工作业。 3. 素质目标：善于团队沟通协作，爱岗敬业；树立责任意识。					
任务发布	1. 流通加工作业的概念是什么？ 2. 流通加工作业的基本流程是什么？ 3. 流通加工作业的类型有哪些？ 4. 根据要求，熟练进行流通加工作业，完成作业任务。					
任务实施	1. 组队分工，制订计划，明确任务。 2. 按计划和分工实施任务。 3. 各组员交流学习成果，整合知识体系。					

组员及分工情况	小组名称		组长	
	组　　员			
	任务分工			

任务情境

2023年10月，ABC配送中心接到华北地区京东超市的流通加工订单，对欧莱雅、海飞丝品牌洗发水进行套装组装，要求一周内完成。具体套装清单如表5-19所示。

表5-19　套装清单

序号	商品名称	数量/套	套装明细1			套装明细2			套装明细3		
			商品名称	规格/mL	数量/瓶	商品名称	规格/mL	数量/瓶	商品名称	颜色	数量
1	欧莱雅精油润养2洗1护	300	欧莱雅精油洗发	500	2	欧莱雅精油润发	500	1	毛巾	黄色	2条
2	欧莱雅透明质酸水润洗发套装	500	欧莱雅透明质酸洗发	500	2	欧莱雅透明质酸润发	500	1	毛巾	蓝色	2条
3	欧莱雅紫安瓶玻尿酸套装	100	欧莱雅玻尿酸洗发	440	1	欧莱雅玻尿酸润发	440	1	化妆镜	紫色	1个
4	海飞丝男士劲感去油止痒洗发套装	150	海飞丝男士劲感去油止痒洗发	450	2	海飞丝男士劲感去油止痒洗发	80	2			
5	海飞丝丝质柔滑型去屑套装	100	海飞丝丝质柔滑型去屑洗发	680	2	海飞丝丝质柔滑型洗发	80	3			

任务提示

接单员接到订单后，先查询库存信息。查看相关商品是否满足套装组合，满足时，确认接单；不满足时，要求供应商补货，并注意是否能满足套装出库时间。然后将出库单交给仓储员。仓储员先将所需商品拣选出库，送达出库加工区。拣取时要计算好出库商品数量，例如，海飞丝丝质柔滑型去屑套装100

套，则需要出库680 mL海飞丝丝质柔滑型去屑洗发200瓶、80 mL海飞丝丝质柔滑型洗发300瓶。负责加工包装的人员事先准备好包装品，可以是套装的盒子，也可以是袋子，具体看客户要求。针对上述任务情境，欧莱雅品牌使用套盒包装，其他使用袋子封包即可。

一、流通加工的概念及特点

（一）流通加工的概念

流通加工是在物品从生产领域向消费领域流动的过程中，为促进销售、维护商品质量和提高物流效率，对商品进行的简单加工。随着零售业的发展和客户需求的个性化、多样化，流通加工越来越显示出不可取代的地位和作用。《物流术语》（GB/T 18354—2001）对流通加工的定义：物品在从生产地到使用地的过程中，根据需要施加包装、分割、计量、分拣、刷标志、拴标签、组装、组配等简单作业的总称。

（二）流通加工的特点

流通加工和一般的生产型加工在加工方法、加工组织、加工生产管理方面并无显著区别，但在加工对象、加工程度方面差别较大。

1. 加工对象不同

流通加工的对象是进入流通过程的商品，具有商品的属性，而生产加工的对象不是最终产品，而是原材料、零配件或半成品。

2. 加工程度不同

流通加工大多是简单加工，而不是复杂加工。一般来讲，如果必须进行复杂加工才能形成人们所需的商品，那么这种复杂加工应专设生产加工过程。生产过程理应完成大部分加工活动，流通加工则是对生产加工的一种补充和辅助。

3. 价值观点不同

生产加工的目的在于创造价值及使用价值，而流通加工的目的则在于完善使用价值，并在不做大的改变的情况下提高价值。

4. 加工责任人不同

流通加工的组织者是从事流通工作的人，能密切结合流通的需要进行这种加工活动。从加工单位来看，流通加工由商业或物资流通企业完成，而生产加工则由生产企业完成。

5. 加工目的不同

商品生产是为交换和消费而进行的，而流通加工是为消费或再生产而进行

的，这一点与商品生产有共同之处。但是，流通加工有时是以自身流通为目的，纯粹是为流通创造条件，这种为流通而进行的加工与直接为消费而进行的加工从目的来讲是有所区别的，这也是流通加工不同于一般的生产型加工的特殊之处。

二、流通加工的作用

（一）提高原材料利用率、加工效率及设备利用率

在流通加工尚未从生产中剥离出来时，满足生产和消费需求的物品加工活动一般由使用单位承担，从而增加了使用单位人力、物力的投入。投资大、加工质量低、设备利用率低等因素影响了企业的经济效益。为了改变这种情况，流通加工方式应运而生，即在流通领域建立集中加工点，采用效率高、技术先进、加工量大的专门机具和设备进行集中下料，将生产厂直接运来的简单规格产品，按使用单位的要求进行下料。集中下料可以优材优用、小材大用、合理套裁。这样一方面提高了原材料利用率，提高了加工效率和加工质量，另一方面还提高了设备利用率，取得了很好的经济效益和社会效益。例如，现如今的全屋定制装修就属于流通加工领域。

（二）弥补生产加工的不足

由于生产的高度专业化，生产环节的各种加工往往不能完全满足消费者的要求。要弥补生产环节加工活动的不足，流通加工是一种不错的方式。流通企业对生产领域的物品供应情况、消费领域的物质需求情况了如指掌，这为其从事流通加工创造了条件。

（三）充分发挥各种运输方式的最大优势

在流通过程中，产品的运输路线基本上是生产厂—流通加工—用户。从生产厂到流通加工这第一阶段输送距离长，可以采用船舶、火车等大批量货物的运输方式；从流通加工到用户这第二阶段输送距离短，则可以利用汽车和其他小型车辆来输送经过加工后的多规格、小批量、多用途的产品。这样可以充分发挥各种运输方式的最大优势，加快输送速度，节省运力运费。

（四）提高产品档次，增加经济效益

有一些产品，在流通过程中对它们进行简单的包装，改变其外观，便可提高其销售价格，使企业取得更好的经济效益。

（五）为配送创造条件

配送是流通加工、整理、分拣、分类、配货及末端运输等一系列活动的集合。配送活动的开展很大程度上依赖流通加工，其已成为配送中心的重要增值作业。随着配送活动的不断深入，流通加工必然得到更广泛的应用。

三、流通加工的类型

(一) 按流通加工的对象分类

1. 钢材剪切流通加工

汽车、冰箱、冰柜、洗衣机等生产企业每天需要大量的钢板,一般规模的生产企业如果自己单独剪切,难以解决用料高峰和低谷的差异引起的设备忙闲不均和人员浪费问题;如果委托专业钢板剪切加工企业,则可以解决这个矛盾。在钢材用户较集中的地区建立钢材流通加工中心,购置专业剪切设备,按照用户设计的规格尺寸和形状进行套裁加工,精度高、速度快、废料少、成本低。这种流通加工企业不仅提供剪切加工服务,还出售加工原材料和加工后的成品及提供配送服务。

2. 木材流通加工

木材的流通加工一般有两种情况:一种是树木在生长地被伐倒后,因为消费不在当地,所以不可能连枝带杈地运输到外地,需要先在原处去掉树杈和树枝,然后再将原木运走,而剩下来的树杈、树枝、碎木、碎屑,经掺入其他材料,在当地木材加工厂进行流通加工,可以做成复合木板。也有将树木在产地磨成木屑,采用压缩方法加大容重后运往外地造纸厂造纸。另一种是在消费地建木材加工厂,将原木加工成板材,或按用户需要加工成各种形状的材料,供给家具厂等企业。木材进行集中流通加工、综合利用,出材率可提高到72%,原木利用率可达到95%,经济效益相当可观,且利于资源保护。

3. 水泥流通加工

成品水泥一般是粉状物,在物流的各个环节都容易污染环境,危害人体健康,吸湿变质失去使用价值。所以,可以在水泥流通加工中心,将水泥、沙石、水及添加剂按比例进行初步搅拌,然后装进水泥搅拌车,事先计算好时间,搅拌车一边行走、一边搅拌,到达建筑工地后,搅拌均匀的混凝土可直接用于浇注。

4. 水产品、肉类流通加工

渔船出海,有时一个月回来一次,如果将此期间从海中打捞上来的鱼、虾等海产品,在船上进行初加工,然后冷冻保存,既能节省舱容,提高保管能力,又能保鲜存放。牛肉、猪肉、鸡肉等肉类,可在屠宰厂进行分割、去骨,冷冻运输和保管。

5. 服装、书籍流通加工

这里的服装流通加工,主要指的不是材料的套裁和批量缝制,而是在批发商的仓库或配送中心进行缝商标、拴价签、改换包装等简单的加工作业。近年来,因消费者要求越来越高,退货量增加,而从商场退回来的服装,可以在仓库或配送中心进行重新分类、整理、改换价签和包装,再行销售。国外书籍的流通加工作业主要有简单的装帧、套书皮、加书签及退书的重新整理、复原等。

6. 酒类流通加工

如葡萄酒，将原液从产地批量运至消费地进行配制、装瓶、贴商标、包装等处理后出售，既节约运费，又安全保险，能以较低的成本获得较高的价格，附加值大幅增加。

7. 蔬菜、水果等食品流通加工

只要我们留意超市里的货柜，便不难发现，那里摆放的各类洗净的蔬菜、水果、肉末、鸡翅、香肠、咸菜等都是流通加工的产物。这些商品在摆进货柜之前，已经由许多人进行了加工作业，包括分类、清洗、贴商标和条形码、包装、装袋等多道作业工序。这些流通加工都不在产地进行，已经脱离生产领域，是在流通领域完成的。这种加工形式，既节约了运输成本，又保持了商品质量，增加了商品的附加价值。

（二）按流通加工的目的分类

1. 为弥补生产领域加工不足的流通加工

有许多产品由于受到各种因素的限制，不能在生产领域完全实现最后的加工。例如，钢铁厂的大规模生产只能按标准规格进行，以保证产品有较强的通用性，从而使生产加工获得较高的效率和效益，而进一步的剪切处理由流通加工完成。这种流通加工实际上是生产的延续，是生产加工的深化，对弥补生产领域的加工不足具有重要意义。

2. 为满足多样化需求而进行的流通加工

生产企业为了实现高效率、大批量的生产，其产品往往不能完全满足客户的要求。为了满足客户对产品的多样化需求，同时保证高效率的大生产，可将生产出来的单一化、标准化的产品进行多样化的改制加工。

3. 为使用方便、省力而进行的流通加工

根据下游生产的需要，企业往往将产品加工成生产直接可用的状态。这种加工形式在加工的深度上更接近消费者，使消费者使用更加方便、省力。例如，将木材制成可直接投入使用的各种型材。

4. 为保护产品而进行的流通加工

这种加工形式的目的是在物流过程中，让产品的使用价值得到妥善的保存，防止产品在装卸、搬运、运输、储存过程中遭受损失。

5. 为促进销售而进行的流通加工

流通加工也可以起到促进销售的作用，如超市里的净菜加工、将过大包装分装成适合销售的小包装的分装加工。

6. 为提高加工效率而进行的流通加工

许多生产企业的初级加工由于数量有限，加工效率不高。而流通加工以集中加工的形式，替代若干家生产企业进行初级加工，从而提高了企业的生产效率。

7. 为提高物流效率、降低物流损失而进行的流通加工

有些产品由于其本身的形状难以进行物流操作，而且在运输、装卸、搬运

过程中极易受损，因此需要进行适当的流通加工加以弥补，以使物流各环节易于操作，提高物流效率，降低物流损失。

8. 为衔接不同运输方式、使物流更加合理而进行的流通加工

在干线运输和支线运输的节点设置流通加工环节，可以有效解决大批量、低成本、长距离的干线运输与多品种、小批量、多批次的末端运输和集货运输之间的衔接问题。在流通加工点与大生产企业间形成大批量、定点运输的渠道，以流通加工中心为核心，组织对多个客户的配送，也可以在流通加工点将运输包装转换为销售包装，从而有效衔接不同目的地。

9. 为实现生产—流通一体化而进行的流通加工

依靠生产企业和流通企业的联合，或者生产企业涉足流通，或者流通企业涉足生产，形成对生产与流通加工进行合理分工、合理规划、合理组织，统筹进行生产与流通加工的安排，这就是生产—流通一体化的流通加工形式。

10. 为实施配送而进行的流通加工

这种流通加工形式是配送中心为了实现配送活动，满足客户的需要而对产品进行的加工，如超市里的洗发水、护发素套装。

四、流通加工合理化

（一）流通加工合理化要考虑的因素

实现流通加工的最优配置，不仅要做到避免各种不合理加工，使流通加工有存在的价值，而且要综合考虑流通加工与配送、合理运输、合理商流等的有机结合，做到最优选择。

进行流通加工需要一定的场地、设施、设备和专用工具，并需要劳动力与之合理配合。在设置流通加工时，需要进行可行性分析，并掌握相关流通加工的基本技术和方法。依据加工物品、销售对象和运输作业的要求，进行流通加工时需要考虑以下几个方面的问题：

（1）选择加工场所与分析加工过程的安全性、经济性。
（2）加工机械的配置与空间组织。
（3）流通加工的技术、方法。
（4）流通加工作业规程。
（5）加工质量保障体系。
（6）加工对象的销售渠道与销售市场。
（7）满足客户需要的指标及其考核。
（8）降低流通加工费用。
（9）流通加工组织与管理。

（二）流通加工合理化的措施

（1）加工和配送相结合（如钢材剪切要适应运输工具的要求，平板车运输时需要对货物进行捆扎和包裹，而集装箱车运输时不需要）。

（2）加工和配套相结合（如包装尺寸要适应托盘尺寸）。

（3）加工和合理运输相结合。

（4）加工和合理商流相结合。

（5）加工和节约相结合。

流通加工作业训练

一、情境

根据客户订单（表5-20），完成流通加工作业。

表5-20 客户订单

序号	商品名称	数量/套	套装明细1			套装明细2			套装明细3		
			商品名称	规格	数量/本	商品名称	规格	数量/本	商品名称	规格	数量/本
1	作业本套装	10	英语	16K	1	作业本	16K	2	数学	16K	2
2	彩纸套装	5	红色纸	A4	5	黄色纸	A4	5	蓝色纸	A4	5

二、步骤

1. 将学生分成若干小组，每组设组长一名。
2. 教师向每组学生发放资料，明确任务目标。
3. 各小组在组长带领下完成流通加工作业。
4. 各小组对任务完成情况进行汇报。
5. 教师对各小组任务完成情况进行点评，并对涉及的理论知识进行讲解。
6. 各小组针对出现的问题进行总结反思，并对原方案进行修订。

学习评价

评价点	分值	个人自评（占30%）	小组评价（占30%）	教师评价（占40%）	得分	总分
对分拣作业知识的认知情况	10					
对补货作业知识的认知情况	10					
对流通加工作业知识的认知情况	10					
对拣货作业训练的完成情况	20					
对补货作业训练的完成情况	20					
相关调查和分析的参与情况	10					
团队合作情况	10					
学习中的态度和表现	10					

项目检测

一、单选题

1. （　　）是指货品从进入分拣系统直至送到指定的分配位置，都是依照指令、依靠自动分拣系统来完成分拣作业的一种分拣方式。
   A. 分类分拣　　B. 机械分拣　　C. 人工分拣　　D. 自动分拣

2. 劳动强度大、分拣效率低的分拣方式是（　　）。
   A. 机械分拣　　B. 自动分拣　　C. 半机械分拣　　D. 人工分拣

3. 下面不属于人工播种式分拣作业的主要步骤的是（　　）。
   A. 搬运至待出货区　　　　B. 摘取总量
   C. 搬运至分货区　　　　　D. 分货

4. 劳动强度最小的分拣方式是（　　）。
   A. 人工分拣　　B. 机械分拣　　C. 流水线分拣　　D. 自动分拣

5. （　　）是根据补货计划对拣货区货品进行数量补充的过程。
   A. 接单作业　　B. 补货作业　　C. 拣选作业　　D. 验收作业

6. 下列属于分拣作业的准备工作，且其作业质量直接影响着拣货效率的是（　　）。
   A. 流通加工　　B. 接单作业　　C. 补货作业　　D. 检验作业

7. 将货品从周转区搬运到拣货区，打开包装并对相应货品进行补货的方式为（　　）。
   A. 拆零补货　　B. 整箱补货　　C. 大宗补货　　D. 少批量补货

8. 通过改变或完善流通对象的形态来实现"桥梁和纽带"作用，是生产的一种延续，指的是（　　）。
   A. 包装　　B. 运输　　C. 仓储　　D. 流通加工

9. 对钢材卷板的舒展、剪切加工属于流通加工类型中的（　　）。
   A. 为使用方便、省力的流通加工　　B. 为保护产品的流通加工
   C. 为促进销售的流通加工　　　　　D. 为适应多样化需求的流通加工

10. 将蔬菜、肉类洗净切块以满足消费者要求的流通加工类型是（　　）。
    A. 为促进销售的流通加工
    B. 为提高加工效率的流通加工
    C. 为衔接不同运输方式、使物流更加合理的流通加工
    D. 为生产—流通一体化的流通加工

二、多选题

1. 补货作业前需对货品的（　　）进行核对。
   A. 外包装　　B. 名称　　C. 数量　　D. 条码

2. 补货作业的流程包括（　　）。
   A. 照单收货　　B. 订单处理　　C. 货品搬运　　D. 补货上架

3. 补货作业根据货品的出货方式可分为（　　）。
   A. 拆零补货　　B. 整车补货　　C. 整箱补货　　D. 整垛补货
4. 一般仓库布置考虑的主要功能区域有（　　）。
   A. 入库月台、入库暂存区、入库验收区
   B. 储存区、办公室、拣货分货区
   C. 流通加工区、返品处理区
   D. 出货暂存区、出货合流区、出货月台
5. 下列说法不正确的有（　　）。
   A. 托盘是储存设备
   B. 仓储设备包括建筑物、装卸站台
   C. 输送带属于流通加工设备
   D. 仓储设备规划是仓库立体规划后的后续规划
6. 下列属于库内货品流转的主要作业阶段的有（　　）。
   A. 收货　　　　　　　　　　　　B. 批量储存
   C. 出库搬运　　　　　　　　　　D. 拆分、拣货和流通加工
7. 分拣作业按照其实施的手段不同可分为（　　）。
   A. 分类分拣　　B. 机械分拣　　C. 人工分拣
   D. 自动分拣　　E. 集中分拣
8. 接单作业过程中的信息传递非常重要，涉及（　　）。
   A. 分拣计划　　　　　　　　　　B. 流通加工服务安排
   C. 配送服务安排　　　　　　　　D. 配送费用核算
9. 人工播种式拣货的特点有（　　）。
   A. 对象是一定时间段里的多张订单
   B. 以货品为单位进行分拣
   C. 适用于品项少、单品数量多的订单
   D. 拣货后需要进行分货处理

三、判断题

1. 仓储能够在货品进入市场前完成整理、包装、质检、分拣等作业，有助于加快货品的流通速度。（　　）
2. 同零担发运的运行模式相比，整车运输省却或简化了货场的装卸分拣作业，可直接、快速地将货品交到收货人手中。（　　）
3. 在分拣作业中，机械分拣主要以机械工具输送，不需要人工拣选。（　　）
4. 补货与拣货可以同步实施，补货员应把所需货品迅速、及时、准确地补充到相应的拣货位，并实时检查拣货位上货品的出货情况，主动补货。（　　）
5. 整箱补货是指从保管区将整箱货品搬到拆零拣货区，拆开包装并对相应的储位补货。（　　）
6. 补货上架时应保证一种货品对应一个拣货位，若由于特殊原因，某货品需要量大，配送中心可调整拣货位，给该货品多分拣货位，但要保证这些拣货

位相邻。 ( )

7. 流通加工的主要目的是提高货品的流通速度。 ( )

8. 流通加工只是为了促进销售、维护货品质量和提高物流效率，并不能为物流带来多少利润。 ( )

9. 流通加工作为物流活动的七个基本职能之一，主要目的是提高物流速度和货品利用率，以及增加利润。 ( )

10. 流通加工在时间效用和场所效用这两个功能方面十分重要，因此是物流的主要功能要素。 ( )

项目六

出库作业

项目提要

本项目旨在让学生对出库操作和退货处理作业流程有一个基本的认识,重点是掌握出库操作流程并能完成出库作业。其中,任务一主要讲述出库操作流程;任务二主要讲述退货处理作业的概念、退货产生的原因、一般退货处理办法及步骤、退货评价指标等。准确进行出库作业将大大提高仓储管理的流畅度,降低退货频率,降低仓储管理成本。学生通过学习这些内容,会对出库操作和退货处理作业有较深刻的认识,为后续项目的学习打下基础。

知识结构图

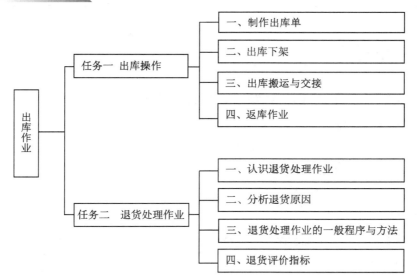

任务一 出库操作

学习任务

任务名称	出库操作	班级		完成时间	
学习目标	1. 知识目标：理解出库作业、返库作业的概念；掌握货品出库的流程。 2. 能力目标：能规范完成出库通知单制作、出库下架、出库搬运与交接和返库作业。 3. 素质目标：培养探索精神和团队协作精神，以及对学习的热情；培养创新精神和劳动意识，积极参与创造性劳动。					
任务发布	1. 何为出库作业？ 2. 如何根据出库要求制作出库单？出库单重点体现哪些要求？ 3. 何为出库下架？出库下架使用到的物理设备有哪些？ 4. 何为出库搬运与交接？出库搬运中使用到的工具有哪些？ 5. 何为返库作业？返库作业的流程是什么？ 6. 以任务情境为例，制作出库单，完成出库作业。						
任务实施	1. 组队分工，制订计划，明确任务。 2. 按计划和分工实施任务。 3. 各组员交流学习成果，整合知识。					
组员及分工情况	小组名称			组长		
	组　　员					
	任务分工					

任务情境

2023年7月18日ABC配送中心收到客户订单，如表6-1所示，请按要求完成货品出库作业。

表6-1 客户订单

订单号	CK20210905	客户名称	好又多超市	紧急程度	一般
库房	2号仓库	出库类型	正常出库	出库方式	客户自取
收货人		好又多超市（中心店）			
货品编码	货品名称	规格	单位	数量	批次	备注
6926032347743	奶嘴		箱	5	20201010	

要想完成以上任务,必须清楚出库作业的基本流程,清楚从制作出库单到出库下架再到出库搬运与交接每一个流程的任务要求,并清楚流程中的每一个环节需要由哪一个岗位来完成,需要哪些作业设备,以及胜任该岗位需要掌握的知识和技能有哪些。

出库作业是配送作业中的一个重要环节,是仓库根据业务部门或存货单位开出的货品出库凭证(提货单、调拨单),并按其所列货品的编号、名称、规格、型号、数量等项目,组织货品出库的一系列作业的总称。

出库操作流程如图 6-1 所示。

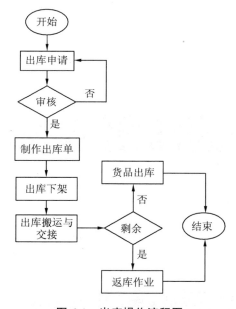

图 6-1　出库操作流程图

一、制作出库单

接到客户订单后,销售人员首先要审核订单的时间、证章和签名是否完整、正确,审核通过后再签发货单。仓库部门收到发货单后要对其准确性、签名进行复核,复核通过后根据发货单制作出库单,准备客户的货品出库。制作出库单的具体步骤如表 6-2 所示。

表 6-2 制作出库单步骤

步骤	步骤图示	步骤说明
1		登录智慧物流综合业务系统后，进入主界面，单击"出库订单"按钮，再单击"新增"按钮，进入订单录入界面
2		在"订单信息"中，输入客户指令号"CK20210905"，选择客户"好又多超市"，最后选择收货人"好又多超市（中心店）"
3		在"订单出库信息"中，选择库房"常青藤仓储配送中心"，在"出库方式"下拉列表中选择"客户自提"
4		在"订单货品"中，单击"添加货品"按钮，弹出待添加货品列

续表

步骤	步骤图示	步骤说明
5		在待添加货品中找到货品"奶嘴",单击"选择"按钮
6		输入货品批次号"20201010"、数量"5"
7		依次选择"生成作业计划"和"打印"选项,出库单制作完成

二、出库下架

完成出库单制作后,接下来开始进行备货及货品下架作业,将货品从原先的储位下架,搬运至出库交接区。出库下架的具体步骤如表6-3所示。

表 6-3 出库下架步骤

步骤	步骤图示	步骤说明
1	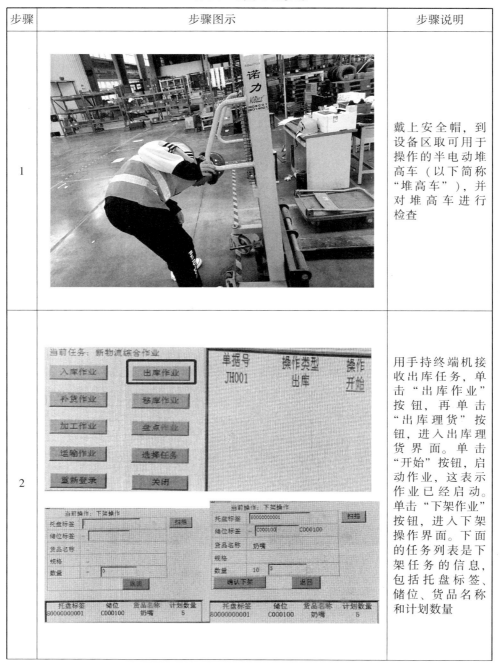	戴上安全帽,到设备区取可用于操作的半电动堆高车(以下简称"堆高车"),并对堆高车进行检查
2		用手持终端机接收出库任务,单击"出库作业"按钮,再单击"出库理货"按钮,进入出库理货界面。单击"开始"按钮,启动作业,这表示作业已经启动。单击"下架作业"按钮,进入下架操作界面。下面的任务列表是下架任务的信息,包括托盘标签、储位、货品名称和计划数量

续表

步骤	步骤图示	步骤说明
3		根据出库任务界面显示的出库货品信息，踩下堆高车脚，使堆高车处于可移动状态，并拉动堆高车到相应的储位
4		操作操纵杆，移动货叉至货品托盘前，双目注视前方，观察货叉伸入情况；将货叉插入托盘内，操作操纵杆，叉起货品并上升。进叉时注意速度和方向，货叉前部要对准托盘凹槽，双手向前推手柄进叉，脚基本不动
5		拉动堆高车至完全移出货架区域，操作操纵杆，降货叉，使货品降至最低点，完成下架作业

三、出库搬运与交接

将出库货品整托下架至托盘货架交接区后,操作手动液压搬运车将货品搬运至发货理货区,并完成货品交接。出库搬运与交接的具体步骤如表6-4所示。

表6-4 出库搬运与交接步骤

步骤	步骤图示	步骤说明
1	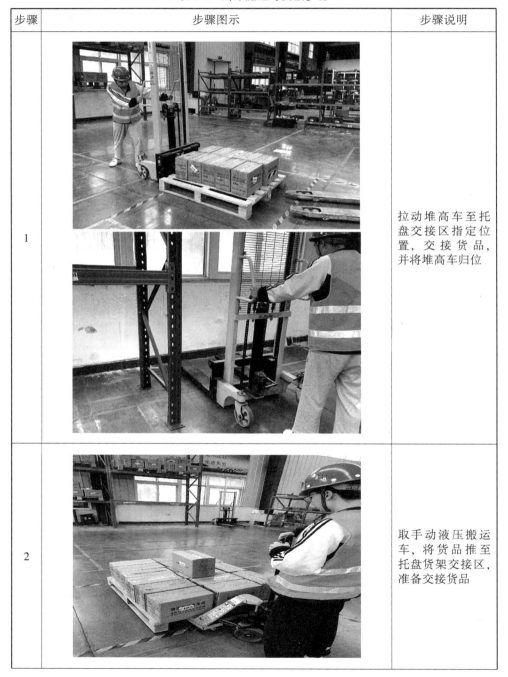	拉动堆高车至托盘交接区指定位置,交接货品,并将堆高车归位
2		取手动液压搬运车,将货品推至托盘货架交接区,准备交接货品

续表

步骤	步骤图示	步骤说明
3	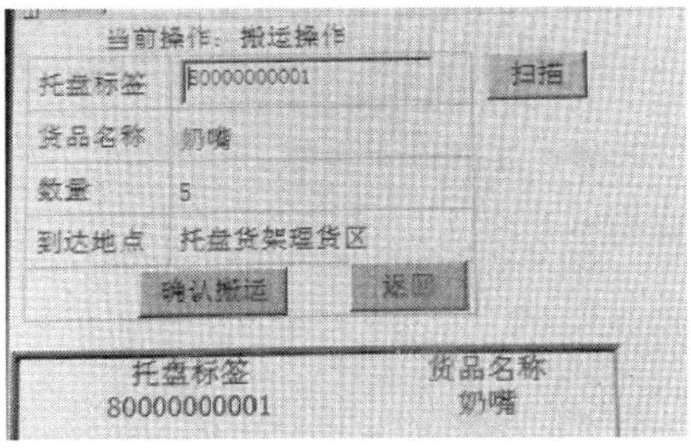	操作手持终端机，进入搬运作业界面，扫描托盘条码，读取搬运货品的相关信息，并对货品名称、数量进行核对，然后单击"确认搬运"按钮
4		根据出库单上的数量信息（5箱）进行卸货操作，将货品整齐有序地堆放在发货理货区
5		返回主界面，完成手持终端机的操作
6		根据出库单信息，与运配司机或取货人员确认出库货品、批次、数量，并完成出库单的交接，若无须返库，则将设备归位

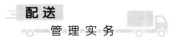

四、返库作业

交接完成后，若货品还有剩余，则要进行返库作业。返库作业的具体步骤如表 6-5 所示。

表 6-5　返库作业步骤

步骤	步骤图示	步骤说明
1	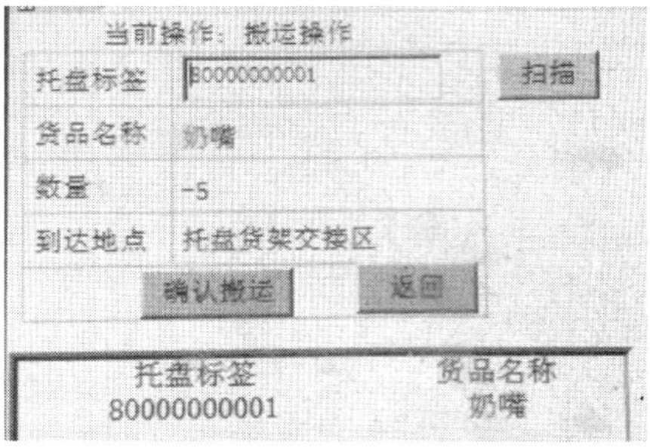 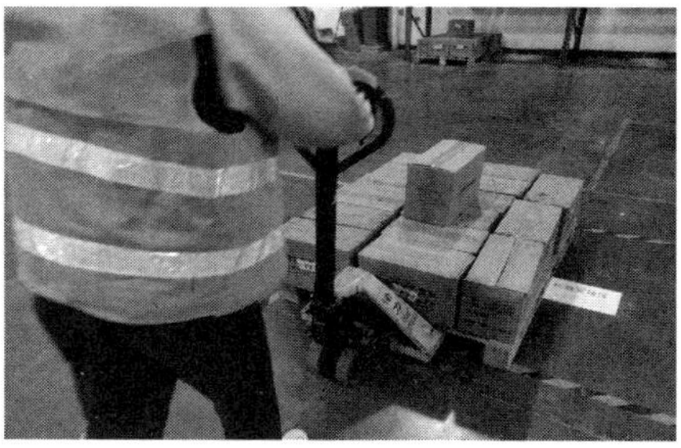	操作手持终端机，单击"搬运作业"按钮，进入下一个界面后扫描托盘标签，读取货品名称、数量、到达地点等操作信息，操作手动液压搬运车将返库货品搬运至托盘货架交接区
2	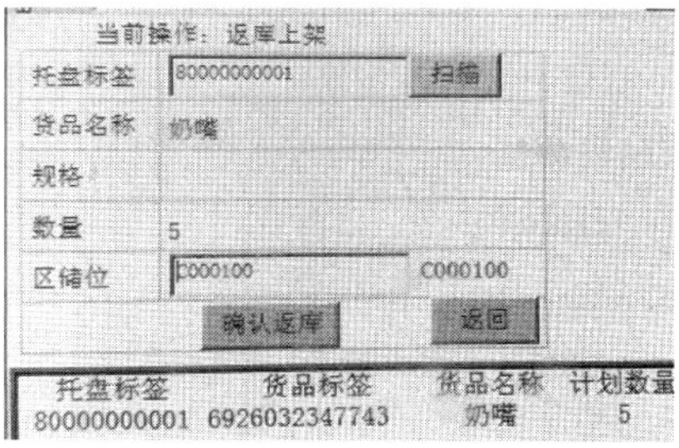	操作堆高车至托盘货架交接区，准备返库上架。操作手持终端机，单击"返库上架"按钮，进入录入界面后扫描托盘标签，获取返库上架储位"C000100"
3		操作堆高车进行返库货品上架作业，操作手持终端机，扫描并确认储位，单击"确认返库"按钮

续表

步骤	步骤图示	步骤说明
4		返回出库理货界面，完成手持终端机的操作，清洁工作现场，将设备归位

拓展提升

出库作业训练

一、情境

出库通知单如表6-6所示，请按要求完成货品出库作业。

表6-6 出库通知单

发货库房：ABC 配送中心　　　　　　　　客户：联华超市
收货单位：联华超市（人民路店）　　　　出库日期：2023-09-30
客户指令号：20230301X107　　　　　　　是否送货：是

货品名称	单位	数量	总重
旺旺雪饼	箱	3	6 kg
德芙丝滑牛奶巧克力	箱	9	9 kg
绿箭无糖口香糖	箱	3	3 kg

二、要求

1. 信息员准备在仓储管理系统中录入订单，系统路径：选择业务—业务流程—出库订单。
2. 根据实际情况完成出库单制作，生成出库单并打印。
3. 根据要求，找到货品储位，完成货品下架作业。
4. 利用相关装卸搬运设备，将货品搬运至交接区。
5. 返回出库理货界面，点击完成作业。

三、步骤

1. 将学生分成若干小组，每组设组长一名。

2. 教师向每组学生发放资料，明确任务目标。
3. 各小组在组长带领下制订方案并实施。
4. 各小组对任务完成情况进行汇报。
5. 教师对各小组任务完成情况进行点评，并对涉及的理论知识进行讲解。
6. 各小组针对出现的问题进行总结反思，并对原方案进行修订。

任务二　退货处理作业

学习任务

任务名称	退货处理作业		班级		完成时间	
学习目标	1. 知识目标：了解退货原因；掌握退货处理作业的流程和基本方法。 2. 能力目标：能根据实际情况和客户要求，完成退货处理作业；会使用退货处理的常用评价指标。 3. 素质目标：树立客户第一的服务理念，满足客户的不同需求；树立效率意识、成本意识和责任意识。					
任务发布	1. 何为退货处理？ 2. 产生退货的原因有哪些？ 3. 退货处理作业的一般处理流程和方法有哪些？ 4. 退货处理作业的评价指标有哪些？					
任务实施	1. 组队分工，制订计划，明确任务。 2. 按计划和分工实施任务。 3. 各组员交流学习成果，整合知识。					
组员及分工情况	小组名称			组长		
	组　　员					
	任务分工					

任务情境

ABC 配送中心于 2023 年 9 月 27 日接到海澜公司发出的编号为 KHBH001 的原材料入库通知单，应入库货品物为 2023 年 9 月 20 日 A 配送中心发给海澜公司客户的爱婴棉纺羊毛制品，主要包括：

（1）羊毛 Aa，产品编号 CPBH001a，袋装，60 kg/袋，共计 20 袋。

（2）羊毛 Bb，产品编号 CPBH002b，袋装，60 kg/袋，共计 20 袋。

（3）羊毛 Ca，产品编号 CPBH003a，袋装，60 kg/袋，共计 20 袋。

(4) 羊毛 Db，产品编号 CPBH004b，袋装，60 kg/袋，共计 20 袋。

ABC 配送中心仓管员在到货验收时发现羊毛 Db 包装破损，经检查，个别货品还存在发霉现象，其他类型货品包装完好。如果你是仓管员，请根据上述信息完成退货处理作业。

A 配送中心接到退货后，应当验收货品是否存在质量、数量、包装等方面的问题，经货主同意后，将无问题的货品暂存，对异常品做进一步原因核实。如果是配送中心原因，则由 A 配送中心承担责任或重新发货；如果是客户原因，则要拒收退货。在退货处理作业中还要做到从客户角度出发，维护客户合法、合理利益，提高服务水平，养成良好的职业习惯。

退货处理作业流程如图 6-2 所示。

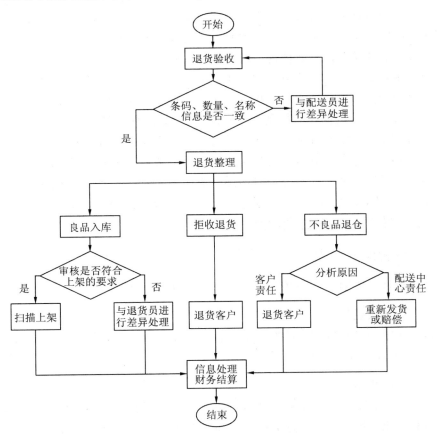

图 6-2　退货处理作业流程图

一、认识退货处理作业

（一）退货处理的含义

配送中心完成出库作业后，在交货过程中或将货品交到客户后，会遇到由于货品包装破损、货品损坏、货品质量、货品保质期快到或已过、送交的货品与要求的货品不相符等问题，客户要求退货的情况。退货处理是指在完成配送活动过程中，因配送方或客户方关于配送货品的有关影响因素存在异议而进行处理的活动。

（二）进行退货处理作业的意义

退货对配送中心最直接的影响就是大量退货造成货品积压，增加配送中心的退货成本，影响配送中心的正常运转，降低配送中心信誉度和客户的忠诚度。配送中心制定良好的退货政策，进行合理的退货处理作业，可以降低退货成本，提高客户的服务水平，这对于配送中心的运营和发展具有重要意义。具体而言，退货处理作业的重要性主要体现在以下几个方面：

（1）做好退货工作可以建立良好的企业形象。及时进行退货处理，可保证广大客户的利益、提高企业的亲和力、建立良好的企业形象。

（2）在良好的退回检验控制下，配送中心对客户的退货授权进行检验，避免错误的、超越权限的退货，这样可以大大节约退货的处理成本。

（3）通过退货处理作业，配送中心可以及时发现退货中暴露的产品质量问题，并通过退货管理信息系统及时传递到有关管理层，使得厂商更快地发现和解决问题，不断改进产品质量和服务质量，这样也可使分销商更早地发现有问题的厂商并减少可能造成退货的隐患。

二、分析退货原因

导致退货的原因多种多样，一般而言，可以分为以下几种。

（一）协议退货

与配送中心订有特别协议的季节性商品、试销商品或代销商品等，协议期满后，剩余商品由配送中心给予退回。

（二）瑕疵品退货

生产厂商的设计、制造瑕疵所造成的产品质量问题，往往在产品销售后，才由消费者或经销商发现。这类产品必须立即部分或全部回收。

（三）搬运途中损坏退货

包装不良或搬运中的剧烈振动造成产品包装破损或污损，配送中心将给予退回。这时配送中心必须重新研究包装材质、包装方式和搬运中的各项活动，找出原因并加以改善。

（四）商品过期退回

一般的商品都有有效期，为了保证消费者的利益，要从货架上卸下过期的商品。但过期商品必须找合格的废弃物处理商处理，从回收到销毁要投入许多成本，所以事前要准确分析商品的需求，或以多批次、小批量配送来减少过期商品的产生。而认真地分析过期商品产生的原因，提前提醒进货商或零售商，或要求客户分担部分处理费用，才是根本的解决之道。

（五）商品送错退回

由于配送中心本身的处理不当，如拣货不准确或条码、送货单等处理错误，客户收到的商品种类或数量与订单不符，这时必须换货或退回，以减少客户抱怨。要核查出现问题的原因，如订单接收时就产生错误或拣货错误、出货单贴错、上错车等。找出原因后，配送中心应立即采取措施，如在常出错的地方增加控制点，以提高配送正确率。

知识拓展 　　　　　　退货处理跟踪

企业质量管理部门要对发生退货的商品进行调查分析，找出造成退货的原因。质量管理部门根据调查分析结果填写商品收回通知单后，销售部门根据商品收回通知单及销售记录将商品收集，并填写收回记录。质量管理部门对退回商品追查原因并填写处理意见后，生产计划部门根据处理意见安排再加工或销毁，并由质量管理部门跟踪进行。质量管理部门应根据造成退货的不同原因，责成相关责任部门制定纠正和预防措施，防止不合格商品的再次出现。

三、退货处理作业的一般程序与方法

（一）退货处理作业的一般程序

退货处理作业过程包括退货验收、退货整理、良品入库、不良品退仓和拒收退货五个子过程。

退货处理作业一般程序和方法

1. 退货验收

退货收货员根据配送员带回的退货单核对退货的名称、数量、规格、保质期等信息，若实际货品与退货单信息不一致，则与配送员进行差异处理，并对回单进行确认。

2. 退货整理

退货整理员先将收货员验收好的货品按照供应商、生产日期、货品的状态分类整理，装入物流箱中；然后用手持终端机扫描退货良品，根据手持终端机显示的信息对归属不同区域的货品进行分类。

3. 良品入库

退货整理员将分类整理好的退货良品，交入库上架员验收。入库上架员验收核对货品名称、数量、规格、保质期等信息，确认无误后用手持终端机扫描货品条码，并根据手持终端机提示的信息，将货品放入指定货架和货位，存放好货品后扫描货位条码。

4. 不良品退仓

不良品移交供应商，供应商审核退货。若发现不符合退货条件，与退货部处理差异；符合退货条件的货品退回供应商处理。

对于不符合退货条件的货品，退货整理员整理后由配送员带回给客户并附带拒收退货原因说明。

知识拓展　　与客户进行财务结算

根据退货处理的要求和实际退货数量，及时向财务部门提交相关单据，完成相关财务结算，将货款退回客户。需要注意的是，退货款不一定完全按照退货价格结算。这是因为退货政策有全额退款和部分退款之分。全额退款是指对零售商的退货按照原先的批发价进行全额退款，而部分退款是指在原价的基础上打个折扣，客户难以获得全额退款。部分退款政策使得客户退货具有一定成本，会降低客户的盈利水平，客户意识到退货会增加自身的损失后，会尽量避免退货。

思考：

在退货处理作业中，对于经检验报废的货品，仓储管理员可以将其带回家自己处理吗？为什么？

（二）退货处理作业的方法

1. 无条件重新发货

对于发货人按订单发货发生错误的，应由发货人调整发货方案，将错发货品调回，重新按照原正确订单发货，中间发生的所有费用均应由发货人承担。

2. 运输单位赔偿

对于因运输途中产品受到损坏而发生退货的，根据退货情况，由发货人确定所需的修理费用或赔偿金额，然后由运输单位负责赔偿。

3. 收取费用，重新发货

对于因客户订货有误而发生退货的，可以根据客户的新订单重新发货，但客户应该承担退换货过程中产生的费用。

4．重新发货或替代

对于因为产品有缺陷，客户要求退货的，配送中心接到退货指示后，配货员应安排车辆收回退换货品，将货品集中到仓库退货处理区域进行处理。

四、退货评价指标

对于退货处理作业来说，既要降低退货比例，又要提高服务水平，维护好与客户的关系。因此，在评价退货处理作业时，要注意各个评价指标。常用的评价指标有以下几个。

（一）返品率

该指标可以反映客户对产品质量的满意程度。该指标越低，说明产品在耐久度、稳定性、实用性等方面都达到了一定的水平，能够满足客户的要求。计算公式为

$$返品率 = \frac{一定时间内累计返品数量（价值）}{一定时间内产品总销售数量（价值）} \times 100\%$$

（二）客户投诉率

该指标反映了在进行退货处理作业时提供的服务"不合格"的程度。计算公式为

$$客户投诉率 = \frac{客户投诉次数}{总交易次数} \times 100\%$$

（三）客户流失率

该指标主要是反映出现退货后客户的流失情况，也就是下次能否再合作的情况。计算公式为

$$客户流失率 = \frac{客户流失数}{客户总数} \times 100\%$$

典型案例

某配送中心关于退货的程序和规则

一、申请退货

1．客户收到本中心的商品后，如果觉得不满意，均可退货。

2．只能在规定的时间内退货，退货前必须填写"退货申请表"。本中心规定退货时间为客户收到商品后3天内，或本中心发货后15天内，如果超出这个时间，客户就不能提交"退货申请表"，即本中心不接受客户的退货申请。

3．客户的"退货申请表"提交后，经本中心回复后，客户就可以将"退货申请表"中所列明的商品寄回本中心。此表将作为客户与本中心的退货协议，本中心收到客户退回的商品后，将对照此表所列商品办理退货手续。

4．客户点击"退货申请表"后，如果弹出"超出限定的时间，不能退

货",则说明该订单已经超过本中心的发货期15天,本中心已不允许客户退货。在本中心没有收到客户的"退货申请表"之前,请客户不要寄来商品,否则本中心将原样退寄给客户!

二、办理退货

1. 客户填写"退货申请表"并经本中心回复后,应及时将要退的商品寄给本中心。如果与客户填写"退货申请表"的时间相差15天以上,恕本中心不能接受,因为15天已完全够用。

2. 客户退货时所需的邮寄费,由客户自己承担。

3. 为了更快为客户办理退货手续,退货时,请不要损坏本中心原有的标签(商品编号的标签),不能故意损坏商品,如果商品被客户损坏,恕本中心不能接受退货。

4. 本中心收到客户的商品后,将对照客户的"退货申请表"内容办理退货手续。如果客户没有事先填写"退货申请表",恕本中心不能接受客户的退货,并会将商品重新寄给客户。

三、账目处理

1. 本中心收到客户所退的商品,并经确认无误后,将在网上进行退货处理,把客户退货后的款项加到客户的账目中,即增加到客户的账上余额中,并产生退货单和账目单,客户可以进入会员服务中心查看。

2. 如果客户退掉整个订单的所有商品,则原来客户所支付的邮件挂号费不能退,因为此款项是本中心寄出的挂号费。

请根据上述案例情境归纳该配送中心退货处理作业的大致流程。

出库及退货处理作业

一、情境

M配送中心主要为客户提供运输、仓储、市内配送等相关物流业务服务,已知中心各类货源充足,请完成对物美超市的以下作业。

(1) 根据退货通知单,完成退货处理作业。

(2) 结合实际情况,根据出库通知单,按照客户的优先级完成出库作业。

① 收货区信息(表6-7)。

表 6-7 货品信息

货品条码	货品名称	批号	包装规格 mm	数量/箱	客户	货品属性
20230S00004	康师傅冰糖雪梨	20231119	350 mm×350 mm×220 mm	36	物美1店	待入库
20230X00012	晨光橡皮擦	20231114	380 mm×285 mm×290 mm	35	物美2店	待退货
20230X00010	得力中性笔	20231105	190 mm×370 mm×270 mm	25	物美3店	待退货

② 退货处理作业信息（表6-8）。

表 6-8 退货通知单

客户	A市物美超市		退货库房	A市物美物流中心	
批次号	20231226005		退货时间	2023-11-01 8：00	
客户指令号	20231226X010				
货品条码	货品名称	包装规格/mm	单位	数量	批次	备注
20230X00012	晨光橡皮擦	380 mm×285 mm×290 mm	箱	35	20231114	限高2层
20230X00010	得力中性笔	190 mm×370 mm×270 mm	箱	25	20231105	

③ 出库作业信息（表6-9、表6-10、表6-11）。

表 6-9 出库通知单 1

客户	A市物美超市	收货单位	物美1店
批次号	20231126008	出库时间	2023-11-01
客户指令号	20231224X013	收货地址	A市朝阳区名苑路35号
出库库房	M配送中心	是否送货	否
货品条码	货品名称	单位	数量	总重	备注
20230X00010	得力中性笔	箱	11	80 kg	

表 6-10 出库通知单 2

客户	A市物美超市	收货单位	物美2店
批次号	20231126008	出库时间	2023-11-01
客户指令号	20231224X014	收货地址	A市华西区竹山路27号
出库库房	M配送中心	是否送货	否
货品条码	货品名称	单位	数量	总重	备注
20230S00003	康师傅奶茶	箱	10	120 kg	
20230X00012	晨光橡皮擦	箱	5	160 kg	

表 6-11　出库通知单 3

客户	A 市物美超市	收货单位	物美 3 店
批次号	20231126008	出库时间	2023-11-01
客户指令号	20231224X015	收货地址	A 市北辰区光明路 23 号
出库库房	M 配送中心	是否送货	否
货品条码	货品名称	单位	数量	总重	备注
20230X00010	得力中性笔	箱	8	60 kg	
20230S00003	康师傅奶茶	箱	15	170 kg	

注：在近一年时间里，物美超市 3 家门店营业额从高往低排为：3 店>1 店>2 店。

二、目标

1. 根据实际情况，完成对退货的质量、数量及包装的检验；针对不同货品情况，完成退货处理作业。

2. 根据出库优先级要求，完成对货品的出库作业。

三、准备

1. 准备好物流实训室、货架、封装完毕的货品（内含若干破损、污损等不合格货品）、手持终端机、叉车、手动搬运车、仓储管理系统等。

2. 对学生进行分组，5 人一组，每组包含司机、验收员、仓管员、信息员、观察员。

3. 准备实训用资料表若干、笔、计算器、传真机、电话等。

4. 学生在实训教师的指导下，按照步骤完成实训，教师可根据要求给出相应的数据和人员信息。

四、步骤

1. 退货处理、良品入库，不良品退回，完成退货率统计。

2. 分析出库作业要求，安排出库顺序，制作出库单，陆续完成出库作业。

3. 实训作业"5S"管理。

4. 多元评价，形成实训报告。

学习评价

评价点	分值	个人自评 (占30%)	小组评价 (占30%)	教师评价 (占40%)	得分	总分
对出库操作步骤的认知情况	15					
对退货处理作业的认知情况	15					
对退货原因的理解情况	15					
对退货处理步骤的理解情况	15					
拓展提升的完成情况	10					
相关调查和分析的参与情况	10					
团队合作情况	10					
学习中的态度和表现	10					

项目检测

一、单选题

1. 收货人或其代理人持取货凭证直接到库取货，仓库凭单发货的出库方式属于（　　）。
   A. 送货　　　　B. 收货人自提　　C. 过户　　　　D. 转仓

2. 在发货过程中，如果货品包装破漏，应经过整理或更换包装后方可出库，否则造成的损失应由（　　）承担。
   A. 收货人　　　B. 验收人员　　　C. 仓储部门　　D. 运输单位

3. 下列关于退货差异处理的表述不正确的是（　　）。
   A. 配送员在交接退货差异时必须与退货收货员当面点清
   B. 配送过后，差异单据可以撕毁或带走
   C. 退货收货员发现实物与单据不符时必须交配送员当面处理
   D. 配送员不可与退货部的人员争执，如有疑问可向退货部上级管理人员反映情况

4. 拒退货有回单但货品未收到，责任由（　　）承担。
   A. 门店　　　　B. 信息员　　　　C. 司机　　　　D. 仓库保管员

5. 在遇到拒退货数量不一致时，以下处理办法错误的是（　　）。
   A. 查明司机与门店当面点货时是否少货
   B. 若司机与门店当面点货时发现少货，则进行记录，不必打差异单
   C. 若未少货，询问退货部是否少出
   D. 若少出，则不做单，若未少出，则回复门店出货时数量正确

6. 退货验收中，以下情况不予退货的是（　　）。
   A. 货品滞销　　B. 过期货品　　　C. 季节性换货　　D. 客户间调货

二、多选题

1. 出货管理应遵循（　　）。
   A. 先入先出原则　　　　　　　B. 货物一致性原则
   C. 货位先上后下原则　　　　　D. 先入后出原则

2. 下列退货差异处理正确的有（　　）。
   A. 配送员在交接退货差异时必须与退货收货员当面点清
   B. 配送员不可将差异单据撕毁或带走
   C. 退货收货员发现实物与单据不符时必须交配送员当面处理
   D. 配送员不可与退货员争执，如有疑问可向退货部上级管理人员反映情况

3. 下列属于退货验收中不可退的一般标准的有（　　）。
   A. 出货配有赠品的货品，退货时必须退回赠品，否则不可退
   B. 生产日期模糊的货品不可退
   C. 非本公司配送的货品不可退

D. 所有存在质量问题的货品不可退
4. 当配送中心发生退货时，被退货品的堆放标准有（　　）。
A. 退货的良品和不良品要按照不同的标准分别堆放
B. 退货的良品按照归属区域堆放，且堆放整齐
C. 退货的货品标示和标志需要全部朝外，便于查看和区分
D. 退货的货品不一定要跟出货一样全部有生产日期

三、判断题

1. 仓库的作业过程，从入库到出库不是连续进行的，而是间断进行的。（　　）

2. 仓库必须建立严格的出库和发运程序，严格遵循"先进先出"原则。（　　）

3. 漏记账是指在商品出库后核销明细账时没有按实际发货出库的货品名称、数量等登记，从而造成账目和实际不相符的情况。（　　）

4. 门店退货是退货的主要组成部分，门店退货的原因很多，但并不是所有货品都可以退。（　　）

5. 退货收货员所接收退货与单据不一致时，不必标注，系统会自动处理。（　　）

6. 对于不符合退货条件的货品，退货整理员整理后，由配送员下次带回给客户并附带拒收退货原因说明。（　　）

项目七

送货作业

项目提要

本项目旨在让学生学会送货环节的基本操作,掌握车辆调度、配送线路优化、车辆配载等环节的知识和技能。其中,任务一主要是让学生学会分析运输任务,选择适当的配送车辆,制订车辆安排计划;任务二主要是让学生学会根据客户需求、客户地理位置及交通状况等前提条件确定配送线路,提高配送服务质量、降低配送成本;任务三主要是让学生根据送货顺序、货物特性等对配送的货物进行车辆配载。学生通过学习这些内容,可以对送货作业中的车辆调度、配送线路优化、车辆配载等岗位有较深刻的认识,为后续项目的学习打下基础。

知识结构图

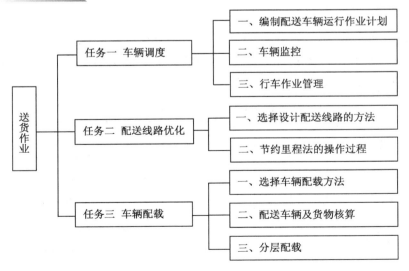

任务一

车辆调度

学习任务

任务名称	车辆调度		班级		完成时间	
学习目标	1. 知识目标：熟悉车辆调度的内容；掌握编制配送车辆运行作业计划的方法。 2. 能力目标：能根据实际情况，科学合理地为配送作业安排车辆。 3. 素质目标：培养成负责任的工作态度、认真细致的工作作风；养成勤于思考、善于分析问题的习惯；培养善于沟通、协作的能力。					
任务发布	1. 何为车辆调度？如何进行车辆调度？ 2. 如何制订运输计划？ 3. 怎样确定货物配送顺序？ 4. 如何合理安排车辆？					
任务实施	1. 组队分工，制订计划，明确任务。 2. 按计划和分工实施任务。 3. 各组员交流学习成果，整合知识。					
组员及 分工情况	小组名称				组长	
	组　　员					
	任务分工					

任务情境

2023年6月22日，ABC配送中心有3个仓库（P_1、P_2、P_3）可供应荷兰橄榄油，对4个客户（A、B、C、D）供货时的单位货物运价、各客户的货物需求量如表7-1所示。

表7-1　配送运价、运量表

仓库	单位货物运价/(元/t)				储存量/t
	A	B	C	D	
P_1	3	11	3	10	7
P_2	1	9	2	8	4
P_3	7	4	10	5	9
需求量/t	3	6	5	6	20

要求在运费最低的前提下安排配送车辆，请问应该如何安排？

要想完成以上任务，必须清楚车辆调度的基本原理及流程。从最低运价的计算、需求量的满足，到最终车辆调度的完成，学生需要逐渐形成较强的逻辑思维能力，并清楚每个环节的要点，最终掌握车辆调度的关键技能，达到岗位要求。

车辆调度是配送管理过程中的一项重要业务，是指挥、监控配送车辆正常运行、降低配送成本、协调配送中心高效运转的重要手段。

车辆调度包括编制配送车辆运行作业计划、车辆监控、行车作业管理等工作，其中编制配送车辆运行作业计划作为基础工作需要准确、及时地完成。

编制配送车辆运行作业计划需要进行准确的计算，其计算方法一般包括表上作业法、图上作业法、经验调度法、运输定额法等。其中，表上作业法虽然计算过程较复杂，但结果的准确性较高，所以在要求较高的情况下运用较多。

知识拓展

不同规模、业务量的配送中心自有车辆的类型、数量可能有所差异，当自有车辆无法满足配送需求时，比较快捷、经济的办法就是外雇车辆。在保证配送运输质量的前提下，选择自备车辆还是外雇车辆，主要以运营成本为决策参考。

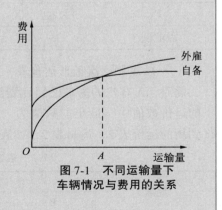

图7-1 不同运输量下车辆情况与费用的关系

从图7-1可以看出，自备车辆由于增加了固定成本，当运输量在原点与 A 点之间时，运输费用高于外雇车辆，但是在运输量高于 A 点之后，自备车辆的运输费用明显低于外雇车辆。因此，配送中心在进行决策时，要根据业务量、货物类型等合理选择自备车辆还是外雇车辆。

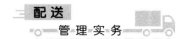

一、编制配送车辆运行作业计划

（一）填制初始最低运价表

从表 7-2 可以看出，对于每一个仓库（列）、每一个客户（行），都有运价（单位运量的运费）相对较低的选择，所有的列和行中，运价最低的是 A 列、P_2 行对应的"1"，因此我们优先选择 P_2 仓库给 A 客户配送。

表 7-2 运价表 1

仓库	单位货物运价/（元/t）				储存量/t
	A	B	C	D	
P_1	3	11	3	10	7
P_2	(1)	9	2	8	4
P_3	7	4	10	5	9
需求量/t	3	6	5	6	20

（二）填制初始运量表

P_2 仓库货物储存量为 4 t，可以满足 A 客户的需求，此时运量表 1 如表 7-3 所示。

表 7-3 运量表 1

仓库	运量/t				储存量/t
	A	B	C	D	
P_1					7
P_2	3				(4)
P_3					9
需求量/t	3	6	5	6	20

（三）填制二次最低运价表、运量表

此时，A 客户的需求已经计划配送完毕，可以从表中删除。在运价表中余下的运价数值中，最小的数值为"2"，因此，可由 P_2 仓库向 C 客户配送 1 t，得到新的运价表 2、运量表 2，如表 7-4、表 7-5 所示。

表 7-4 运价表 2

仓库	单位货物运价/（元/t）			储存量/t
	B	C	D	
P_1	11	3	10	7
P_2	9	(2)	8	1
P_3	4	10	5	9
需求量/t	6	5	6	17

表 7-5　运量表 2

仓库	运量/t				储存量/t
	A	B	C	D	
P_1					7
P_2	3		1		(4)
P_3					9
需求量/t	3	6	5	6	20

（四）填制三次最低运价表、运量表

至此，P_2仓库的货物已经计划配送完毕，可以从表中删除。但 C 客户仍需配送 4 t，比较表 7-4 中 C 列数值，P_1行的"3"最小，因此计划由 P_1仓库为 C 客户配送余下的 4 t，得到新的运价表 3、运量表 3，如表 7-6、表 7-7 所示。

表 7-6　运价表 3

仓库	单位货物运价/(元/t)			储存量/t
	B	C	D	
P_1	11	(3)	10	7
P_3	4	10	5	9
需求量/t	6	4	6	16

表 7-7　运量表 3

仓库	运量/t				储存量/t
	A	B	C	D	
P_1			4		(7)
P_2	3		1		4
P_3					9
需求量/t	3	6	5	6	20

（五）填制最终运量表

按照以上方法逐步完成客户 B、D 的货物配送计划，得到最终的运量表 4，如表 7-8 所示。

表 7-8　运量表 4

仓库	运量/t				储存量/t
	A	B	C	D	
P_1			4	3	(7)
P_2	3		1		4
P_3		6		3	9
需求量/t	3	6	5	6	20

把表7-2与表7-8中对应的数字相乘后相加,得到

配送总运费 = 1×3+4×6+3×4+2×1+10×3+5×3 = 86(元)。

至此,已经完成车辆调度的第一步,为了得到最优的结果,还要对配送车辆运行作业计划做进一步的检验、优化,在此不做介绍。

在编制完成配送车辆运行作业计划的基础上,还要根据货物的品种、特性等确定初步车辆配载方案,根据客户订单暂定配送先后顺序,根据自备车辆的情况、成本核算等确定是否外雇车辆并合理、科学地安排配送车辆。

二、车辆监控

通过GPS(全球定位系统)、GIS(地理信息系统)可以实时监控车辆所处位置,同时为配送车辆做好行进线路优化。根据企业的具体情况,一般可以选用自动规划或人工设计方式。

车辆调度人员可以根据实际需要随时与配送车辆进行通话,实施跟踪管理,传送路况、突发事故等信息。

在配送车辆发生事故或遇到险情时,车辆监控系统负责接收求助信息,并为司机提供信息、报警等援助,提供最优援助方案。

三、行车作业管理

配送运输中的交通状况、异常天气、突发安全事故等都会影响配送服务质量和配送效益。因此,为了全面详细地掌握行车过程,减少配送运输中的异常情况,必须对配送运输中的车辆进行行驶作业记录管理和行车作业人员的考核与管理。

(一)行驶作业记录管理

配送中心可以根据具体情况选用驾驶日报表、行车作业记录卡或行车记录器等管理方式来记录行驶过程。

1. 驾驶日报表管理方式

驾驶日报表主要记录运送的货物、作业时间、行驶路线、运送量等。驾驶日报表可以用来对车辆、驾驶员、配送规划进行评估,为优化车辆调度提供参考。

2. 行车作业记录卡管理方式

行车作业记录卡主要记录发车时间、到达目的地时间等,用于分析运送作业及货物运抵后的交接作业效率,有利于配送中心掌握车辆运行时间,为优化配送线路、提高配送效率提供参考。

3. 行车记录器管理方式

行车记录器主要记录车辆配送过程中发车时间、在途时间、行驶里程数、行驶速度等,以便详细掌握车辆配送过程中的运行状况,为考核驾驶人员、优化配送线路、监控车辆运行提供参考。

（二）行车作业人员的考核与管理

为了确保配送运输环节的高效运行、提升配送服务质量，需要对行车作业人员在配送运输环节的工作成绩、安全运行等状况进行考核，一般以驾驶成绩报告书（表7-9）、配送人员出勤日报表（表7-10）等方式来实施考核。

表 7-9　驾驶成绩报告书

日期：　　年　月　日　　　　　　　　　　　　　　　　　部门：

车辆牌号	工作日数	配送次数	行驶距离	送货数量	消耗燃料	其他

表 7-10　配送人员出勤日报表

趟次编号：　　　　　　　车号：　　　　　　　车种：

驾驶员姓名：　　　　　　配送员姓名：　　　　　　年　月　日

接货地点	交货地点	计划时间	发车时间	到达时间	里程数	冷冻、冷藏温度	卸货数量	送货单据编号	备注

车辆调度练习

一、情境

2023年6月23日，M配送中心有4个仓库可供应荷兰橄榄油，对5个客户供货时的单位货物运价、各客户的货物需求量如表7-11所示。

表 7-11　配送运价、运量表

仓库	单位货物运价/(元/t)					储存量/t
	A	B	C	D	E	
P_1	3	11	3	10	5	7
P_2	1	9	2	8	8	4
P_3	7	4	10	5	6	9
P_4	2	8	6	9	7	12
需求量/t	3	6	5	6	8	20

二、要求

如果在运费最低的前提下安排配送车辆,请问应该如何安排?

三、步骤

1. 分组。6人一组,其中2人负责填制运价表、2人负责填制运量表、1人负责核算和汇总、1人为小组长负责汇报。

2. 布置任务。教师向每组学生发放资料,明确任务目标。

3. 完成任务。学生按照前述方法完成车辆安排计划。

4. 小组汇报。各小组对任务完成情况进行汇报。

5. 教师点评。教师对各小组任务完成情况进行点评,帮助发现问题、分析原因,并对涉及的理论知识进行重点剖析。

6. 方案修正。各小组针对问题进行总结反思,完成方案的优化。

任务二 配送线路优化

学习任务

任务名称	配送线路优化	班级		完成时间	
学习目标	1. 知识目标:掌握节约里程线路设计方法。 2. 能力目标:能采用节约里程法完成配送线路设计;能够根据客户要求,选择最优的配送线路。 3. 素质目标:树立系统思维理念;树立解决问题方法最优化意识、成本意识和环保意识。					
任务发布	1. 为何需要进行配送线路优化? 2. 配送线路优化的方法有哪些? 3. 节约里程法的基本原理是什么? 4. 节约里程法的操作流程包括哪几个步骤? 5. 怎样计算节约里程?如何对节约里程进行排序?如何确定配送线路? 6. 如何核算配送线路优化的效果?					
任务实施	1. 组队分工,制订计划,明确任务。 2. 按计划和分工实施任务。 3. 各组员交流学习成果,整合知识。					
组员及分工情况	小组名称			组长		
	组 员					
	任务分工					

任务情境

ABC 配送中心（P）需要给 10 个客户（A~J）配送荷兰橄榄油，配送中心与客户、客户与客户之间的距离（线段旁的数字，单位：km）及每个客户的需求量（括号内的数字，单位：t）如图 7-2 所示。ABC 配送中心现有额定载重量分别为 2 t 和 4 t 的两种厢式货车可用于送货，并且要求每辆货车一次运行线路距离不超过 30 km，试进行配送线路规划。

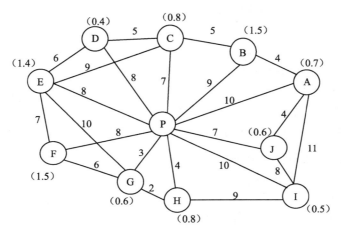

图 7-2 配送网络图

任务提示

该任务要求选择最优配送线路。配送线路规划的方法有多种，需要根据配送货物的数量和特性、客户的地理位置、配送距离、交通状况、运送成本、客户对配送服务的时间要求等因素进行分析。一般来说，配送线路规划应满足效益最大、成本最低、路程最短、准时性最高、运力利用最合理、劳动消耗最低等要求。配送线路规划可以采用经验判断法、综合评分法、节约里程法等方法。

任务实施

优化配送线路时，不能只以实现成本最低为目标，还要以满足下列约束条件为前提：

(1) 满足所有客户对货物数量等方面的要求。
(2) 满足所有客户对收货时间的要求。

(3) 选择的线路应允许通行或在通行时间范围内。
(4) 每条配送线路的货物总量不能超过车辆容积及最大载重量。

一、选择设计配送线路的方法

(一) 配送线路设计方法

1. 经验判断法

这是一种利用工作人员的经验来选择配送线路的主观判断方法，一般以习惯行驶线路为基本标准拟订几个备选方案，由管理人员做出选择。但这种方法只适用于客户、配送货物数量较少的情况。

2. 综合评价法

这种方法是先拟订多种配送线路方案，按照评价指标对各种备选方案进行评分，根据评分结果选择最优线路。

3. 节约里程法

这种方法是以配送中心的运输能力、配送中心与客户之间的距离、各客户之间的相对距离为基础，制订成本达到或接近最小（最低）的配送方案。

(二) 配送线路设计方法选择

经验判断法多适用于配送客户少、待选方案少、工作人员经验丰富、对线路熟悉的情况。

综合评价法适用于评价指标明确、容易量化，参与评价人员专业知识强、经验丰富的情况。

节约里程法适用于由一个配送中心向多个客户配送货物、配送的是同一种或类似的货物、各客户之间及配送中心到客户之间的运输距离已知、各客户的货物需求量明确、配送中心有足够的运输能力等情况。

本任务重点介绍节约里程法。

二、节约里程法的操作过程

(一) 计算最短距离

配送中心、客户在配送网络图（图 7-2）中构成连接线路的节点，我们先把这些节点和它们之间的最短距离填入表 7-12。

选择设计配送路线案例分析

表 7-12 最短里程表　　　　　　　　　　　　　　　　单位：km

节点	P	A	B	C	D	E	F	G	H	I	J
A	10										
B	9	4									
C	7	9	5								
D	8	14	10	5							

续表

节点	P	A	B	C	D	E	F	G	H	I	J
E	8	18	14	9	6						
F	8	18	17	15	13	7					
G	3	13	12	10	11	10	6				
H	4	14	13	11	12	12	8	2			
I	10	11	15	17	18	18	17	11	9		
J	7	4	8	13	15	15	15	10	11	8	

在填写节约里程表中的一些数据时，需要进行简单的计算。例如，A—E 之间有多条线路可供选择，经过简单的计算及比较之后可以看出 A—P—E 线路最短。

（二）计算节约里程

由最短里程表计算各客户之间的节约里程。节约里程计算方法：从配送中心出发至各客户的距离之和减去客户之间的最短距离。

例如，P—A 为 10 km，P—C 为 7 km，则从配送中心出发向 A、C 两客户分别配送货物需行驶路程为 17（10+7）km，与 A—C 最短里程的差为 8（17-9）km。

按照上述方法计算出各客户之间的节约里程，结果如表 7-13 所示。

表 7-13 节约里程表　　　　　　　　　　　　　　　　单位：km

节点	A	B	C	D	E	F	G	H	I	J
A										
B	15									
C	8	11								
D	4	7	10							
E	0	3	6	10						
F	0	0	0	3	9					
G	0	0	0	0	1	5				
H	0	0	0	0	0	4	5			
I	9	4	0	0	0	1	2	5		
J	13	8	1	0	0	0	0	0	9	

（三）把节约里程按降序排列

把表 7-13 中的节约里程按照从大到小的顺序（降序）排列，得到表 7-14。

表 7-14　节约里程排序表　　　　　　　　　　　　　　　单位：km

序号	线路	节约里程	序号	线路	节约里程
1	A—B	15	13	F—G	5
2	A—J	13	14	G—H	5
3	B—C	11	15	H—I	5
4	C—D	10	16	A—D	4
5	D—E	10	17	B—I	4
6	A—I	9	18	F—H	4
7	E—F	9	19	B—E	3
8	I—J	9	20	D—F	3
9	A—C	8	21	G—I	2
10	B—J	8	22	C—J	1
11	B—D	7	23	E—G	1
12	C—E	6	24	F—I	1

（四）优化配送线路

1. 初始优化线路

按照节约里程的大小顺序连接 A、B，A、J，B、C，得到的初始优化线路如图 7-3 所示，沿着 P—C—B—A—J—P 线路可完成对 A、B、C、J 四个客户的配送任务，行驶路程 27 km，与从配送中心出发分别向这几个客户配送的方式相比，节约路程 39 km，即 15+13+11＝39 km，或 2×(7+7+9+10)−(7+7+4+4+5)＝39 km。同时，客户 A、B、C、J 货物需求量 3.6(0.7+1.5+0.8+0.6)t 不超过货车载重量 4 t。

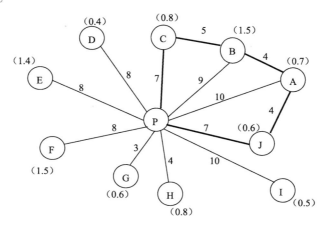

图 7-3　初始优化线路

2. 二次优化线路

继续按照节约里程的大小顺序连接 D、E，E、F，F、G，得到的二次优化线路如图 7-4 所示，沿着 P—D—E—F—G—P 线路可完成对 D、E、F、G 四个客户的配送任务，行驶路程 30 km，与从配送中心出发分别向这几个客户配送的方式相比，节约路程 24 km，即 10+9+5 = 24 km，或 2×(8+8+8+3)−(8+6+7+6+3)= 24 km。同时，客户 D、E、F、G 货物需求量 3.9(0.4+1.4+1.5+0.6)t 不超过货车载重量 4 t。

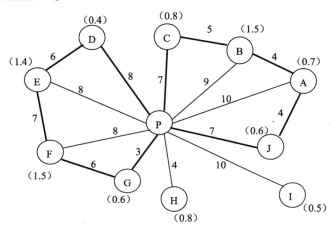

图 7-4　二次优化线路

3. 最终优化线路

从图 7-5 可以看出，还有 H、I 两个客户没有安排配送，连接 H、I，得到的最终优化线路如图 7-6 所示，沿着 P—H—I—P 线路可完成对 H、I 两个客户的配送任务，行驶路程 23 km，与从配送中心出发分别向这两个客户配送的方式相比，节约路程 5 km，即 2×(4+10)−(4+9+10)= 5 km。同时，客户 H、I 货物需求量 1.3(0.8+0.5)t 不超过货车载重量 2 t。

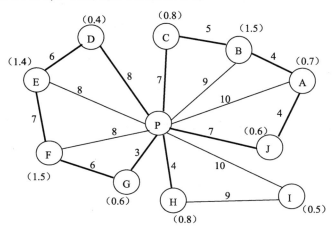

图 7-5　最终优化线路

（五）核算配送线路优化结果

由前述配送线路优化过程可知，完成配送任务需要 2 辆载重量 4 t、1 辆载重量 2 t 的货车，三条行驶线路的总里程为 80（27+30+23）km，总共节约里程 68（148−80）km。

在完成该任务的过程中，需要进行一些计算，耗费的时间比较多，如果通过计算机软件计算，就可以大大减少工作量。同学们也可以尝试运用学过的计算机知识简化配送线路的优化过程。

典型案例

同城快递线路优化

快递业近年来在我国发展迅速，递送的范围也在扩大，高附加值物品、重要文件等也已经纳入快递企业的业务范围。随着业务量的增加及客户对快件递送时效性和安全性要求的提高，同城快递作为一项专门的业务被划分出来。

同城快递在处理同一个城市区域内的快件时，具有"特、快、专"的特点，虽然费用较高，但递送迅速、安全，解决了一些时间紧、价值较高、较重要快件的递送需求。

同城快递想要提高配送效率、降低配送成本，就必须科学、合理地进行配送线路规划。目前，同城快递采用的节约里程法也称车辆调度程序规划法（Vehicle Schedule Program，简称VSP）。该方法以用车少、距离短、时间少、成本低为基本目标，同时，每条线路配送货物量不超过车辆的限载量，既满足一定的约束条件（货物需求量、发送和到达时间、车辆载重量、车辆数量、交通状况等），又实现一定的目标（较短路程、较少车辆、较低成本等）。具体来说，常见的约束条件有以下几项：

（1）配送货物量：每条线路的货物总量不能超出车辆的限载量。

（2）优先约束：应考虑特殊货物或客户的优先配送问题。

（3）车型约束：每条线路在满足其他条件的情况下，也应考虑对车辆载重量、类型等方面的要求。

（4）时间窗约束：包括硬时间窗、软时间窗，应满足客户对配送时间的要求。

（5）回程运输：逆向物流中对配送车辆利用率的要求。

（6）随机需求：客户对配送货物需求的临时改变等。

思考：

1. 同城快递应怎样做好配送线路规划？
2. 同城快递在进行配送线路规划时应考虑哪些约束条件？

配送线路优化

一、情境

某配送中心需要向9个客户配送橄榄油,配送中心与客户、客户与客户之间的距离如图7-6所示,图中线段旁的数字表示客户与客户之间或客户与配送中心之间的运输距离(单位:km),节点旁带括号的数字表示客户对货物的需求量(单位:t),该配送中心现有2台载重量为4 t和2台载重量为6 t的货车可供使用。

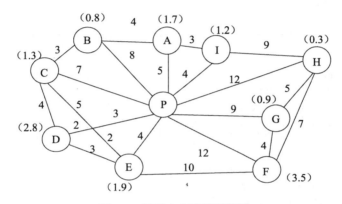

图7-6 配送中心配送网络图

二、目标

1. 采用节约里程法制定较优配送线路。

2. 假设配送过程中每小时的成本为300元,货车行驶的平均速度为40 km/h,请计算采用优化线路与单独向每个客户进行配送相比可以节约多少费用。

三、准备

1. 设备设施。多媒体投影仪1台,屏幕1块,白板1块,可以联网的计算机6台(每组至少1台)。

2. 分组。将全班学生按每组6人分成若干小组,其中2人结合配送网络图和某地区的地图,绘制配送分析图;2人负责配送线路优化;1人负责对配送线路进行核算;1人负责总结并汇报。

3. 学生在实训教师的指导下,按照步骤完成实训,教师可给出参考数据和人员信息。

四、步骤

1. 分析任务,草拟任务完成流程图。

2. 参考教材案例编制节点最短里程、节约里程、节约里程排序等表格。
3. 逐步分析配送线路并绘制配送线路图。
4. 参考配送线路图在地图上绘制配送路径，结合路况等实际情况分析配送最优线路的合理性。
5. 对比分析配送线路优化的原理。

任务三 车辆配载

学习任务

任务名称	车辆配载		班级		完成时间	
学习目标	1. 知识目标：了解车辆合理配载的重要性；掌握车辆配载方法。 2. 能力目标：会根据车辆、货物、配送线路的具体情况制订车辆配载方案；会根据车辆配载的基本原则、基本原理等完成车辆配载优化。 3. 素质目标：具有为客户服务的意识和节约资源、物流合理化的意识；培养负责任的工作态度和认真细致的工作作风；养成统筹思考问题的习惯。					
任务发布	1. 何为车辆配载？车辆合理配载有何意义？ 2. 车辆配载的基本原则有哪些？ 3. 车辆配载需要注意哪些重要事项？ 4. 车辆配载需要考虑哪些影响因素？ 5. 车辆配载的基本流程是什么？					
任务实施	1. 组队分工，制订计划，明确任务。 2. 按计划和分工实施任务。 3. 各组员交流学习成果，整合知识。					
组员及分工情况	小组名称				组长	
	组　　员					
	任务分工					

2023年6月25日，ABC配送中心接到3个客户的货物配送需求，如表7-15、表7-16、表7-17所示。

表 7-15　客户 A 货物配送需求

序号	产品名称	产品编号	规格	单位	应发数量	体积/m³
1	常青藤八宝粥	31031101	1×12	箱	20	0.2×0.2×0.2
2	常青藤茉莉清茶	31030708	1×12	箱	15	0.3×0.2×0.2
3	常青藤儿童牛奶	03091705	1×30	箱	20	0.3×0.2×0.2
4	常青藤可乐	03010302	1×10	捆	15	0.3×0.2×0.2
5	常青藤牛肉面	13010380	1×25	箱	40	0.4×0.2×0.2
	总计				110	

表 7-16　客户 B 货物配送需求

序号	产品名称	产品编号	规格	单位	应发数量	体积/m³
1	常青藤茉莉清茶	31030708	1×12	箱	15	0.3×0.2×0.2
2	常青藤可乐	03010302	1×10	捆	15	0.3×0.2×0.2
3	常青藤牛肉面	13010380	1×25	箱	24	0.4×0.2×0.2
4	常青藤粉丝	13070709	1×24	箱	28	0.4×0.2×0.2
5	常青藤卷纸	53171101	1×12	袋	30	0.4×0.3×0.3
6	常青藤大碗面	13010952	1×24	箱	32	0.4×0.2×0.2
	总计				144	

表 7-17　客户 C 货物配送需求

序号	产品名称	产品编号	规格	单位	应发数量	体积/m³
1	常青藤八宝粥	31031101	1×12	箱	18	0.2×0.2×0.2
2	常青藤茉莉清茶	31030708	1×12	箱	15	0.3×0.2×0.2
3	常青藤可乐	03010302	1×10	捆	10	0.3×0.2×0.2
4	常青藤牛肉面	13010380	1×25	箱	16	0.4×0.2×0.2
5	常青藤粉丝	13070709	1×24	箱	32	0.4×0.2×0.2
6	常青藤卷纸	53171101	1×12	袋	30	0.4×0.3×0.3
7	常青藤大碗面	13010952	1×24	箱	32	0.4×0.2×0.2
	总计				153	

综合 3 个客户的货物配送需求，得出具体的货物装车数量，如表 7-18 所示。

表 7-18 装车作业单

序号	产品名称	产品编号	规格	单位	应发数量
1	常青藤八宝粥	31031101	1×12	箱	38
2	常青藤茉莉清茶	31030708	1×12	箱	45
3	常青藤儿童牛奶	03091705	1×30	箱	20
4	常青藤可乐	03010302	1×10	捆	40
5	常青藤牛肉面	13010380	1×25	箱	80
6	常青藤粉丝	13070709	1×24	箱	60
7	常青藤大碗面	13010952	1×24	箱	64
8	常青藤卷纸	53171101	1×12	袋	60
总计					407

ABC 配送中心有两种货车可供使用：一种载重量为 2 t，容积为 8.64（4×1.2×1.8）m^3；另一种载重量为 3 t，容积为 13.5（5×1.5×1.8）m^3。请问应该如何进行车辆配载？

要想完成以上任务，必须掌握车辆配载方法。在配装货物时，一般需要考虑货物的容重、体积、包装方式等，以及车辆的载重量、容积，尽量避免造成运力浪费。大多数情况下，可以根据经验或简单的计算选择最优的装车方案，在业务量多的配送中心，也可以通过计算机软件完成车辆配载。

在货物配送车辆的配载中，一般装载容重（货物重量与体积的比）大的货物，车辆达到最大载重量时，往往容积空间剩余较大；装载容重小的货物，车辆装满时，远远低于车辆载重量，造成运力浪费，致使配送成本上升。因此，在进行车辆配载时首先应注意一些基本原则，如轻重搭配原则、大小搭配原则等。同时，货物混装时还要注意一些货物有异味，以及为了便于卸货，先配送的货物应放在外侧或上层等。进行车辆配载时，一般应遵循以下基本原则：

（1）轻重搭配，重不压轻。在充分利用运力的前提下，避免重货压坏轻货，并使货物重心下移，从而保证运输的安全性。

（2）大小搭配，大不压小。同一层或上下层合理搭配不同尺寸的货物，充分利用车内容积，增强货物的稳定性。

（3）合理混装，互不抵触。不同物理属性、化学性质的货物必须混装时，应合理安排所处位置，物理属性、化学性质相互抵触的货物一般不允许混装。

（4）同卸同载。同一客户或同一卸货地的货物，尽可能放置在同一空间位置。

（5）合理堆码。选用合理的堆码层次和方法，确保货物稳固、安全。

（6）严禁超载。严禁超出车辆最大载重量，或超出车厢规定范围。

（7）防止滚动。卷状、桶状等易滚动货物应垂直摆放。

（8）防止碰撞。车厢与货物、货物与货物之间存在空隙，在车辆行驶时可能因碰撞造成货损时，应在空隙处适当加衬垫物。

（9）稳固门端。货物堆码多层，开门卸货时货物有向门端倾倒的可能时，应在装货完毕后加固货物。

（10）后送先装，先送后装。后配送的货物放置在下层、内侧，先配送的货物放置在车门侧、上层，便于卸货。

（11）包装残损放上层，外观相近分开装。

（12）重量平衡，防止翻车。前后左右货物重量尽量平衡，提高车辆行驶中的稳定性。

一、选择车辆配载方法

为了充分利用运输工具的载重量和容积，减少货损、提高卸货效率，应合理安排货物的装载。在车辆配载时，在保证货物、车辆等安全的前提下，应尽可能提高车辆的满载率，减少亏载现象。在货物体积、包装等不复杂，客户较少的情况下，可以根据经验或简单的计算选择最优的配载方案，情况较复杂时可以通过数学建模、计算机软件等进行车辆配载计算。通常采用的车辆配载方法为容重配载简单计算法、动态规划法，本任务重点介绍容重配载简单计算法。

假设车厢容积为 V，车辆载重量为 W，两种货物的配装重量分别为 W_a、W_b，容重分别为 R_a、R_b，则

$$V_a = (W - V \cdot R_b)/(R_a - R_b)$$
$$V_b = (W - V \cdot R_a)/(R_b - R_a)$$

二、配送车辆及货物核算

（一）选择配送车辆

本任务中配送货物的容重、总重量和总体积等数据如表7-19所示。

表 7-19 配送货物重量、体积

产品名称	规格	单位体积/（m³/箱）	单位重量（R_i）（kg/箱）	容重（kg/m³）	应发数量/箱	总重量/kg	总体积/m³
常青藤八宝粥	1×12	0.008	4.32	540.0	38	164.16	0.304
常青藤茉莉清茶	1×12	0.012	6.0	500.0	45	270.0	0.54
常青藤儿童牛奶	1×30	0.012	5.70	475.0	20	114.0	0.24
常青藤可乐	1×10	0.012	6.0	500.0	40	240.0	0.48
常青藤牛肉面	1×25	0.016	3.13	195.63	80	250.4	1.28
常青藤粉丝	1×24	0.016	2.88	180.0	60	172.8	0.96
常青藤大碗面	1×24	0.016	2.81	175.63	64	179.84	1.024
常青藤卷纸	1×12	0.036	6.0	166.67	60	360.0	2.16
合计					407	1 751.2	6.988

载重辆 2 t 的车辆容积为 8.64 m³，按照有效容积率 90% 计算出的有效容积为 7.776 m³，所以可以满足配送要求。

（二）核算配送线路货物安排是否合理

为了简化计算，根据表 7-20 中 R_i 的数值，我们可以把货物分为两类：一类为容重较大的常青藤八宝粥、常青藤茉莉清茶等；另一类为容重较小的常青藤牛肉面、常青藤粉丝等。这两类货物的容重平均值分别为 503.75 kg/m³、179.37 kg/m³，代入公式得到 V_a、V_b 的值分别为

$$V_a = \frac{(W - V \cdot R_b)}{(R_a - R_b)} = \frac{(2\,000 - 7.776 \times 179.37)}{(503.75 - 179.37)} \approx 1.87 \, (m^3)$$

$$V_b = \frac{(W - V \cdot R_a)}{(R_b - R_a)} = \frac{(2\,000 - 7.776 \times 503.75)}{(179.37 - 503.75)} \approx 5.91 \, (m^3)$$

实际配载的两类货物的体积分别为 1.564 m³、5.424 m³，与最优配载比例相近，因此该线路安排配送的货物搭配较合理。

（三）决定装车先后顺序

合理的车辆配载，应按照"先送后装"等原则，根据配送线路、客户所处位置、各客户的货物重量等决定装车先后顺序。在只考虑各客户的货物重量的情况下，客户 A、B、C 的货物重量分别为 505.6 kg、605.496 kg、639.776 kg，因此应按照客户 A、B、C 的先后顺序配载货物。即由于客户 A 的货物最轻，应最后配送，所以应放在最内侧；由于客户 C 的货物最重，应先配送，所以应放在最外侧（靠车门处）。

三、分层配载

（一）底层

根据车辆配载的基本原则，重货应放在下层，因此常青藤八宝粥、常青藤茉莉清茶、常青藤儿童牛奶、常青藤可乐应放在下层，常青藤牛肉面、常青藤粉丝、常青藤大碗面是易碎轻型货物，应放在上层。因此，在车辆配载时，应先考虑装载常青藤八宝粥、常青藤茉莉清茶、常青藤儿童牛奶、常青藤可乐。再者，应先考虑装载最后配送的客户 A 的货物。

车厢面积为 4.8 m²，38 箱常青藤八宝粥、45 箱常青藤茉莉清茶、20 箱常青藤儿童牛奶、40 箱常青藤可乐所占面积为 7.82 m²，因此，这些重货需要在底层叠放两层。其中，客户 A 的重货为 3.8 m²，分别为 20 箱常青藤八宝粥、15 箱常青藤茉莉清茶、20 箱常青藤儿童牛奶、15 箱常青藤可乐需要放置在最底层。由于常青藤茉莉清茶、常青藤儿童牛奶、常青藤可乐外包装的长、宽、高都是 0.3 m、0.2 m、0.2 m，所以可以作为一个整体进行配载，底层配载方案如图 7-7 所示。

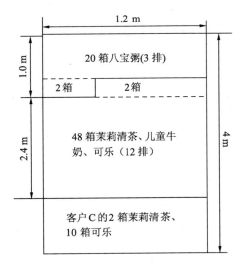

图 7-7 底层配载方案

由于客户 C 的货物应先配送，因此靠车门的空余空间应优先配载客户 C 的 2 箱常青藤茉莉清茶、10 箱常青藤可乐。

（二）第二层

根据车辆配载的基本原则及底层配载方案，也要防止上层后送的货物压住下层先进的货物。第二层靠车门的外侧应优先考虑配载客户 C 剩余的 13 箱常青藤茉莉清茶、18 箱常春藤八宝粥。第二层配载方案如图 7-8 所示。

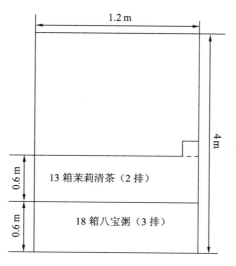

图 7-8 第二层配载方案

在继续向内侧配载客户 B 的重货时,应考虑是否会被客户 A 的轻泡货压在下面,因此应先计算客户 A 的轻泡货占用的底层面积。

客户 A 余下的货物为 40 箱常青藤牛肉面,占用面积情况如图 7-9 示。

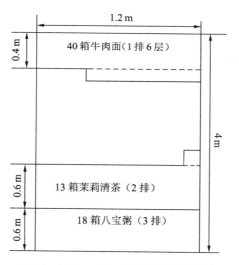

图 7-9 客户 A 第二层货物的配载方案

第二层余下的空间配载客户 B 的 15 箱常青藤茉莉清茶、15 箱常青藤可乐,配载方案如图 7-10 所示。

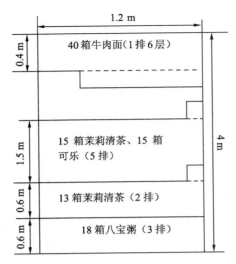

图 7-10 客户 B 第二层货物的配载方案

另外，在制订车辆配载方案时，为了提高货物的稳固性，应尽量使用科学、合理的堆码方法，如使用重叠式、纵横交错式堆码方法，并使用收缩薄膜加固等。

（三）其余货物的配载

参照上述方法即可完成余下货物的配载。

制订车辆配载方案时应注意以下几点：

(1) 客户 B 的货物不能压住客户 C 的货物。
(2) 客户 B、客户 C 的货物应由内向外依次配载。
(3) 常青藤大碗面、常青藤粉丝等货物易碎，严禁超出层数限制。
(4) 装货完毕后应在车门侧加固货物。

思政园地

《中华人民共和国国民经济和社会发展第十四个五年规划和 2035 年远景目标纲要》强调要重点支持人工智能、生物医药、现代能源系统等尖端技术领域，同时也提出要"强化流通体系支撑作用""聚焦增强全产业链优势，提高现代物流、采购分销、生产控制、运营管理、售后服务等发展水平"。随着制造业的发展和碳中和目标的提出，物流业需要继续降低能源消耗、提高工作效率。因此，现代物流企业不能再是搬箱子、看仓库这些简单的工作，而是要加强与物联网、人工智能等现代技术的紧密联系，若没有完备的知识和先进的现代生产理念，将不能再适应物流业的发展要求。这就要求我们不仅要掌握技术和技能，而且要培养创新意识、创新能力及与自然和谐共处的意识。

车辆配载练习

一、情境

ABC 配送中心需向表 7-15、表 7-16、表 7-17 所示的 3 个客户配送货物,具体位置可由教师指定,假如你是 ABC 配送中心的配载人员,有 1 辆载重量为 2 t、容积为 8.4 m^3 的货车,请以实训中心为模拟环境,完成配载作业。

二、要求

1. 按照 3 个客户的地理位置、货物需求等制定配送线路。

2. 以任务所给情境、设备设施等,按照配载的基本原则进行车辆配载,并保证配载作业的准确性、高效性。

3. 以组为单位分析配送中心的车辆配载过程,收集资料并对资料进行分析。

4. 制订详细的车辆配载方案。

三、步骤

1. 分组。每 6 名学生分为 1 组,其中 2 名学生制定配送线路,2 名学生制订车辆配载方案,1 名学生进行核算,1 名学生作为组长进行协调、汇总并代表小组进行汇报。

2. 布置任务。教师向每组学生发放资料,明确任务目标。

3. 任务实施。各小组在组长带领下制定配送线路、车辆配载方案。

4. 小组汇报。各小组对任务完成情况进行汇报。

5. 点评、互评。教师对各小组任务完成情况进行点评,并对涉及的理论知识进行讲解。

6. 总结反思。各小组针对出现的问题进行总结反思,对任务实施方案进行完善。

学习评价

评价点	分值	个人自评（占30%）	小组评价（占30%）	教师评价（占40%）	得分	总分
送货规划基本原则的掌握情况	5					
车辆调度规划要点的掌握情况	10					
配送线路规划流程的掌握情况	10					
车辆配载基本要点的掌握情况	10					
车辆调度规划完成情况	15					
配送线路方案的合理性	15					
车辆配载方案的合理性	15					
项目任务完成的整体情况	15					
完成任务中的态度和表现	5					

项目检测

一、单选题

1. 影响配送线路选择的不可变因素是（　　）。
   A. 可变成本　　　B. 不可变成本　　C. 装卸方案　　　D. 运输商品
2. 在采用经验法进行车辆配载时，要用数学计算验证（　　）。
   A. 货物的数量
   B. 客户的需求
   C. 车辆的载重量和容积能否达到装载货物要求
   D. 装载货物的数量
3. 下列属于固定成本的是（　　）。
   A. 燃料成本　　　B. 驾驶员工资　　C. 维修费用　　　D. 车辆购置费用
4. 车辆调度应遵循的原则是（　　）。
   A. 先近后远　　　　　　　　　　B. 先重后轻
   C. 先高价，后一般　　　　　　　D. 先重点，后一般
5. 物流网络中的链是指（　　）。
   A. 不同节点间货物移动路线　　　B. 从一地到另一地的信息传递路径
   C. 零售店、仓库等　　　　　　　D. 节点之间的最短路径
6. 配送作业管理的核心内容是（　　）。
   A. 满足客户需求　　　　　　　　B. 减少配送车辆
   C. 保证货物质量　　　　　　　　D. 提高配送质量、控制配送成本
7. 配送线路的选择与确定工作的核心目标应该是（　　）。
   A. 效益最高　　　B. 准时性最高　　C. 成本最低　　　D. 运送车辆最少
8. 节约里程法的基本思想是（　　）。
   A. 三角形的两边之和大于第三边　B. 各点之间的总里程最短
   C. 各点之间的总时间最少　　　　D. 服务的客户数量最多
   E. 以上都是
9. 在节约里程法的计算过程中，客户之间的距离越近，且它们各自与配送中心之间的距离越远，则节约的里程（　　）。
   A. 越少　　　　　　　　　　　　B. 越多
   C. 视客户需求而定　　　　　　　D. 不能确定
10. 合理配载可以提高运输工具的（　　）。
    A. 运行速度　　　B. 运输效率　　　C. 装载率　　　　D. 实载率

二、多选题

1. 影响配送线路合理性的因素包括（　　）。
   A. 配送成本　　　B. 配送准确性　　C. 配送速度　　　D. 配送效益
   E. 交通状况

2. 使用节约里程法制订配送路线规划时，除了使配送的总成本最小外，还必须满足的条件有（　　）。
　　A. 能够满足所有客户的需求
　　B. 不使任何一辆车超载
　　C. 每一辆车每天的总运行时间或行驶里程不超过规定的上限
　　D. 能够满足客户到货时间的要求
3. 节约里程法的适用条件为（　　）。
　　A. 适用于配送范围较广的配送中心
　　B. 各配送线路的负荷尽量平衡
　　C. 要考虑客户要求的交货时间
　　D. 货物总量和体积不能超过车辆的额定载重量和容积
4. 车辆配载时的注意事项包括（　　）。
　　A. 外观相近、容易混淆的货物分开装载
　　B. 渗水的与易受潮的货物切勿靠近
　　C. 散发粉尘的货物与清洁的货物不能混装
　　D. 包装损坏的货物放在下层
5. 行驶作业记录管理的方式主要有（　　）。
　　A. 驾驶日报表管理方式　　　　B. GPS 管理方式
　　C. 行车作业记录卡管理方式　　D. 行驶作业人员考勤表管理方式

三、判断题

1. 车辆配载要根据所配送货物的具体情况及车辆情况来选择最优的装车方案。（　　）
2. 运输系统网络中，连接运输线路的节、结之处称为节点或结点。（　　）
3. 危险品的装载方法和运输要求与非危险品有差别，因此配载危险品时应符合危险品运输相关规定。（　　）
4. 物流节点之间只能有一条链相连。（　　）
5. 由配送中心向一个客户进行专门配送，这种情况一般针对距离较近的客户。（　　）

项目八

配送绩效管理

项目提要

本项目旨在让学生对配送绩效管理有一个详细的了解。其中,任务一主要概述配送绩效评价的目标、原则、要素和实施步骤;任务二主要讲述配送绩效评价指标体系的构成,旨在让学生学会计算配送绩效评价的各个指标值,以及会对指标值进行分析说明。

知识结构图

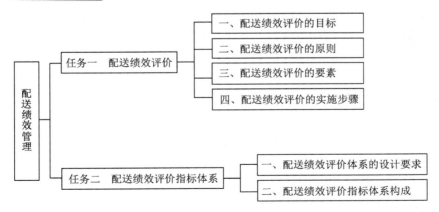

任务一 配送绩效评价

 学习任务

任务名称	配送绩效评价	班级		完成时间	
学习目标	1. 知识目标：熟悉配送绩效评价的目标、原则、要素、实施步骤。 2. 能力目标：掌握配送绩效评价的实施步骤。 3. 素质目标：树立客观公正、以事实数据为依据的管理意识。					
任务发布	1. 配送绩效评价的目标、原则、要素分别是什么？ 2. 配送绩效评价的一般步骤是什么？					
任务实施	1. 划分小组，制订计划，明确任务。 2. 协同合作，商讨完成任务。 3. 小组交流学习成果，复习巩固知识。					
组员及分工情况	小组名称			组长		
	组　　员					
	任务分工					

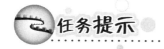 任务情境

为了提升员工的工作积极性，进一步促进各业务网点之间的学习交流，提升公司的整体配送管理水平，ABC 配送中心欲设计一套科学规范、合理可行的配送绩效评价标准。请问应从哪些方面考虑？

任务提示

要制定一套科学规范、合理可行的配送绩效评价标准，首先需要明确本企业的性质及员工职级，不同企业的不同岗位所对应的绩效评价标准应该是不同的；其次需要明确配送绩效评价的目标、原则、要素及实施步骤。

配送绩效管理就是运用科学、规范的评价方法，对企业一定时期的配送活动的经营业绩和效率进行定量、定性分析和对比，获取有关任务完成水平、付出代价、取得效益的信息，进而在管理活动中利用这些信息不断控制和修正工作的一个持续的动态管理过程。

一、配送绩效评价的目标

配送绩效评价的目标主要体现在以下几个方面：

（1）应用配送系统标准体系实时对配送系统运作绩效进行控制，可以改进配送作业程序，调整运作方式，使配送作业效率更高、成本更省、效益更好。

（2）评价配送绩效可以了解配送中心空间、人员、设施、物品、订单、时间、成本、品质、作业规划等各个要素的状况，以便采取改进措施。

（3）评价配送业务各个部门和人员的工作绩效，以达到激励员工、优化配送运作绩效的目的。

（4）通过评价服务水平、配送成本，并与以往的工作进行对比分析，向管理者和客户提供绩效评价报告。

二、配送绩效评价的原则

配送中心作业涉及的环节多，流程各异，这给绩效管理带来了一定的难度。为了做出正确有效的绩效评价，一般要遵循以下几个原则。

（一）客观公正

坚持定量和定性相结合的原则，建立科学、适用、规范的评价体系及标准，避免主观臆断。以客观的立场评价优劣，以公正的态度评价得失，以合理的方法评价业绩，以严密的计算评价效益。

（二）责权利相结合

配送作业的绩效评价结果产生后，应分析责任的归属。在确定责任时，要明确是否在当事人责权范围内。评价的目的主要是提升绩效，不能为评价而评价，为奖惩而评价，为晋升而评价。此外，应该注意，评价指标包括的应该是当事人的可控事项，只有这样的奖惩，才是公平合理的。

（三）目标与激励

配送绩效评价体系的目标设计和激励是密不可分的，目标的实现是很重要的激励机制，另外将报酬作为激励手段也是现代物流管理中的有效管理机制。

（四）多层次、多渠道、全方位评价

全面收集信息，实行多层次、多渠道、全方位评价。在实际工作中，可以

综合运用上级考核、同级评价、下级评价、职员评价等多种形式。

（五）科学比较，注重时效

在评价绩效时，数据是最佳的衡量工具，但如果没有可用来比较的基准数据，再及时的评价也是徒劳的。因此，配送中心的盈余或亏损，必须同过去的记录、预算目标、同行业水准、国际水平等进行比较，才能鉴别其优劣。只有将被评价企业的经营结果同一定的基准数据进行比较分析，配送作业的绩效评价才具有实际意义。同时，为了及时了解配送中心营运的绩效与业绩，还应该及时地进行评价。

（六）连贯性

配送绩效评价体系的建立要遵循连贯性的原则，设定的指标在一定时期内具有稳定性，避免指标大起大落和指标定义随意变动。

（七）经常化和制度化

配送中心必须明确评价的原则、程序、方法、内容和标准，建立科学合理的绩效评价制度，将正式评价和非正式评价相结合，形成经常化和制度化的评价体系。

三、配送绩效评价的要素

在配送作业中，几乎每项作业所需投入的人力和设备都有区别，且每项作业重点考虑的问题均不相同，有的作业集中在劳动力的支出，有的作业取决于管理决策，有的作业则在于设备的运用。针对每项作业，应该集中关注哪些资源？哪些资源是进行绩效管理的重点？这就涉及绩效评价要素的问题。配送中心进行绩效评价的要素主要是以下几种。

（一）设施空间

就配送中心而言，设施是指除人员、设备外的一切硬件，包括储存区、拣货区、出货区、办公室、休息室等区域空间的安排及一些消防安全设施等外围硬件。因此，评价设施空间利用率时，既要对空间利用是否有效、合理进行综合考虑，提高单位面积土地的使用效率，同时还要考虑货架、仓储区的储存量，以及每天理货场地的配货周转次数等。

（二）人员

人是构成企业最重要的因素，只有企业的每位员工都能坚守岗位、尽职尽责、发挥所长，将全部精力投入工作，才能维持企业的成长与进步。因此，对人员的考核是每个企业经营评价的重要项目，也是衡量各种企业绩效时最常见的组成部分。尤其在配送中心，作业人员的绩效更是关键。一般来说，配送中心对人员的绩效评价，可以从人员编制、员工待遇和人员效率三个方面入手。

（三）设备

虽然配送中心的设备不像人员那样难以评价，但是在具体作业中可能发生设备故障和闲置等现象，很容易造成交货延迟、货物质量受损、工作中断等重大损失，因此不容忽视。配送中心的设备多指为保管、搬运、存取、装卸、配送而使用的设备，由于各项作业有一定的时间性，设备工时不容易计算，应着重掌握单位时间内设备的产出量、产出金额、作业单元数（托盘、纸箱等）、操作速率与故障率等，以提高设备的使用效率。

（四）货物、订单效益

配送中心作业的对象是货物，哪些货物能引起客户的注意、吸引客户订购？能得到多少订单？这些订单又能为企业带来多少收益？这些都是配送中心重要的评价内容。此外，在配送中心的仓库中留有存货，可以减少缺货的可能，但这些存货又不能过多，以免造成过多的资金和库位占用，因而存货也是一个评价重点。所以，对货物、订单效益的衡量，主要在于研究货物、订单能给企业带来的收益及目前对存货的控制绩效。

（五）作业规划管理

规划是一种手段，用来拟定根据决策目标所要采取的行动，因此规划管理的目的在于为整个活动过程选择正确的行动方向。要达到最佳的产出效果，规划管理人员必须先决定作业过程中最有效的资源组合，然后依据环境条件，设计出最佳的作业方式来执行物流运作过程中每一个环节的工作。其中及时修订规划是很重要的一环。

（六）时间

缩短作业时间，一方面可使工作效率提高，另一方面可使交货期限提前，因此配送中心对缩短作业时间很重视。此外，时间是衡量效率最直接的数据，最能看出整体作业能力的高低。总体而言，评价时间效率，就是掌握单位时间内的收入、产出量、作业单元数及各项作业时间比率等情况。

（七）成本

配送中心的成本是指直接或间接消耗于作业活动的经济价值。而被消耗的经济价值是指将财物或劳动力的消耗以货币价值来表示的形式，一般称为费用或成本。

（八）质量

配送作业的质量，不仅指质量的优劣、质量的一致性，而且还包括各项作业过程的损耗、维修、退货、延迟交货、事故等状况。对于质量管理，除了建立合理的质量标准外，还要重视对存货管理及作业过程的监督，尽量避免不必要的损耗、缺货等，以降低成本、提高服务水平。

一个配送中心，必须先有设施空间、人员、设备、货物才能投入营运；有了这些资源后，管理者对它们进行规划和管理，经过营运，才能产生时间、成本和质量三个评价要素。

四、配送绩效评价的实施步骤

配送绩效评价是一项复杂的工作，必须明确要求按照评价规则有计划、有组织、按步骤进行，这样才能保证绩效管理工作顺利进行并得出客观准确的评价结论。

（一）确定评价工作实施机构

由于配送绩效评价工作量大、涉及面广、要求高，为了保证此项工作的顺利开展，往往需要成立评价工作实施机构。评价工作实施机构主要有两种评价方式：一是由评价组织机构直接实施评价，评价组织机构将负责成立评价工作组，选聘有关专家组成专家咨询组；二是委托社会中介机构实施评价，先选定中介机构并签订委托书，然后由中介机构成立评价工作组及专家咨询组。无论选择哪种方式，对评价工作组和专家咨询组的任务和要求都应明确。

（二）确定评价指标体系

确定绩效评价指标体系是配送绩效评价工作的基础，后续工作都是围绕指标体系进行的。

（三）制订评价工作方案

配送绩效评价工作方案是由评价工作组制订的，内容包括评价对象、评价目的、评价依据、评价项目负责人、评价工作人员、时间安排、评价方法与标准、评价资料准备及有关工作要求等。评价工作方案由评价工作组根据有关规定制订，经由评价组织机构批准后开始组织实施，并送专家咨询组征求意见。

（四）收集并整理基础资料和数据

根据评价工作方案的要求及评分的需要，收集、核实及整理基础资料和数据。收集的数据包括行业内同等规模企业的评价方法和评价标准值、连续三年的会计决算报表、有关统计数据和定性评价的基础资料、各种相关的调查数据等。

（五）进行评价计分

运用计算机软件计算评价指标的实际数值，是配送绩效评价的关键步骤，主要包括以下内容：核实会计决算报表和统计数据，计算定量评价指标的实际值；根据选定的评价标准，计算各项基本指标的得分，形成"配送中心绩效初步评价计分表"；利用修正指标对初步评价结果进行修正，形成"配送中心绩效基本评价计分表"；根据已核实的定性评价基础材料，参照绩效评价指标参考标准进行指标评价和打分，形成"配送中心绩效评价计分汇总表"；将"配送中心绩效基本评价计分表"和"配送中心绩效评价计分汇总表"进行校正和汇总，得出综合评价的实际分数，形成"配送中心绩效得分总表"。

（六）形成评价结论

将配送中心作业绩效的综合评价结果与同行业同规模企业的配送经营绩效

进行比较分析，也可以与本企业自身的历史综合评价结果进行比较分析，或是以行业内先进水平的企业为标杆进行比较分析。通过对配送中心作业绩效进行深入细致的分析判断，形成综合评价结论，并听取企业相关负责人的意见，进行适当的修正和调整，使评价结论更为客观、准确和全面地反映企业配送活动的实际情况。

（七）撰写评价报告

评价结论形成以后，评价工作者要按照格式要求撰写企业配送绩效评价报告。评价报告的主要内容包括评价结果、评价分析、评价结论及相关附件等。完成评价报告后，经评价项目主持人签字，报送评价组织机构审核认定；如果是委托中介机构进行评价的，则必须加盖中介机构单位公章方能生效。

任务二　配送绩效评价指标体系

学习任务

任务名称	配送绩效评价指标体系	班级		完成时间	
学习目标	1. 知识目标：掌握配送绩效评价指标体系及各个评价指标的计算方法。 2. 能力目标：能计算配送绩效评价的各个指标值，会对指标进行分析说明。 3. 素质目标：培养学生的整体意识和规则意识。				
任务发布	1. 配送绩效评价体系的构成是怎样的？ 2. 配送绩效评价的各种指标应如何计算？				
任务实施	1. 划分小组，制订计划，明确任务。 2. 协同合作，商讨完成任务。 3. 小组交流学习成果，复习巩固知识。				
组员及分工情况	小组名称			组长	
	组　员				
	任务分工				

任务情境

ABC 配送中心为避免出现年终奖评奖标准有失公平的现象，拟制定配送绩效评价指标体系。假如你是配送中心经理，你会通过制定哪些指标来核算配送中心的绩效？

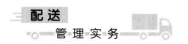

要制定配送绩效评价指标,首先需要在广泛调研的基础上确定绩效评价指标类别;其次需要使制定的指标合理可记,不能盲目空想,随意杜撰;最后需要明确各项指标的量化计算公式,确保以可视化的标准尽可能公平、公正地评定每位员工的工作业绩,进而推动企业的稳定发展。

一、配送绩效评价体系的设计要求

现行的配送作业评价体系是针对单个企业设计的,侧重事后评价。为了全面衡量配送中心的整体运作绩效,在进行配送绩效评价体系设计时应满足以下几个要求:

(1)及时。只有及时获取有价值的信息,及时评价、及时分析才有可靠的支撑,延迟的信息会使评价失真或无效。因此,何时计量及以什么样的速度将计量结果予以报告,是配送绩效评价体系的关键。

(2)准确。要想使评价结果具有准确性,与绩效相关的信息必须准确。在评价过程中,计算什么、如何计量,都必须十分清楚。

(3)可理解。能够理解的信息才是有价值的信息,难以理解的信息会导致各种各样的错误,所以确保信息的可理解是设计配送绩效评价体系的一个重要方面。

(4)可接受。配送中心的绩效评价体系,只有被接受才能发挥作用,不被接受或勉强被接受,就称不上是有价值的评价体系。勉强被接受,可能导致信息不准确、不及时、不客观,所以在评价体系指标设计时必须满足使用者的需求。

(5)指标的可控性与激励性。对管理者的评价必须限制在其可控范围之内,即使某项指标与战略目标非常相关,只要评价对象无法实施控制,他就没有能力对该项指标的完成情况负责,非可控指标应该尽量避免。另外,指标水平应具有一定的先进性、挑战性,这样才能激发评价对象的工作潜能。

(6)及时的应变性。良好的绩效评价体系,应对配送中心战略调整及内外部的变化非常敏感,并且体系自身能做出较快的调整,以适应变化要求。

二、配送绩效评价指标体系构成

通过对配送作业各环节指标的控制来实现对配送各作业的有效管理是配送

中心常用的方法。配送活动涉及的作业环节多，配送绩效评价指标体系较为复杂，这里主要介绍以下三大类。

（一）订单处理作业分析指标

订单处理作业的优劣直接影响配送中心的经济效益，从影响订单处理作业改善的因素考虑，应对订单处理作业提出分析评价指标。

1. 订单处理的数量指标

$$平均每日订单数 = 订单数量/工作天数$$
$$平均客单数 = 订单数量/下单客户数$$
$$平均客单价 = 营业额/订单数量$$

指标分析：平均每日订单数、平均客单数指标数值不高，表明配送中心的业务量不多，有待开拓业务，谋求较大的效益。要强化经营体制，加强促销，提高产品质量，经营受市场欢迎的货物。

2. 订单处理的质量指标

$$订单延迟率 = 延迟交货订单数/订单数 \times 100\%$$
$$订单货件延迟率 = 延迟交货量/出货量 \times 100\%$$

指标分析：订单延迟率较高，表明配送中心没有按计划交货，必须对影响交货期的作业进行分析和改进；订单延迟率较低，订单货件延迟率较高，表明对订单件数较多的客户延迟交货比率较高。当出现上述情况时，要对客户进行ABC分析，对重点客户进行重点管理。

$$订单速交率 = 12\text{小时内的发货订单数}/订单数量 \times 100\%$$

指标分析：若能迅速接单和缩短交货时间，并在12小时内发货，说明配送中心管理水平较高，效益较好。

$$退货率 = 退货数/出货量 \times 100\%$$
$$折扣率 = 折扣数/出货量 \times 100\%$$

指标分析：退货率和折扣率较高，表明货物品质不高，致使客户不满，造成退货和打折。一般来说，配送中心的退货和打折主要是包装损坏，为此要加强各作业环节管理工作，减少货物损坏率。

$$取消订单率 = 取消订单数/订单数量 \times 100\%$$
$$用户意见率 = 意见次数/订单数量 \times 100\%$$

指标分析：取消订单率和用户意见率较高，说明可能存在货物品质不良、服务态度不好、没有按时交货、同行竞争激烈等情况。

$$订单满足率 = 实际交货数量/订单货物需求数量 \times 100\%$$

指标分析：订单满足率是衡量订货实现程度及其影响的指标，据此可知库存控制决策是否正确。订单满足率不高，说明库存控制水平不高、购货时机不当、上级供应商交货延迟等，会使客户失去信心而流失。

$$缺货率 = 出货品短缺量/出货量 \times 100\%$$

指标分析：缺货率是衡量订货实现程度及其影响的指标，缺货率太高，会流失客户。必须针对出错环节逐一整改，加强管理，提高配送中心的信誉度。

（二）拣货作业分析指标

拣货作业效率的高低可以从拣货人员、设备、方式、时间、成本、质量等几个方面的检查和考核进行评价。分析评价的目的是找出存在的问题，改进系统设计与管理，提高效率。

1. 拣货人员作业效率指标

$$每人每时拣取件数 = \frac{累计拣货总件数}{拣取人员数 \times 每日拣货时数 \times 工作天数}$$

指标分析：该指标主要用于拣货工作自动化程度较高时，或出货属于大批量、少品种的配送作业。

$$每笔货物拣取移动距离 = \frac{总拣货行走（移动）距离}{总拣货笔数}$$

指标分析：该指标反映目前拣货区是否合理，拣货作业策略与方式是否得当。该指标数值太高，说明每次拣货移动的距离太长，可以从改进拣货区布局及拣货策略与方式入手，提高拣货作业效率。

2. 拣货设备使用效率指标

$$拣货人员装备率 = \frac{拣货设备投资成本}{拣货人员数} \times 100\%$$

指标分析：该指标评价配送中心对拣货设备的投资情况，拣货人员装备率越高，说明配送中心的机械化和自动化程度越高，但拣货人员装备率越高并不表示投货设备使用率越高。

$$拣货设备成本产出率 = \frac{出货商品总体积}{拣货设备成本} \times 100\%$$

指标分析：该指标反映单位设备拣货成本所拣取的单位商品体积数，该指标数值越高，说明拣货设备使用效率越高。

3. 拣取时间与速度指标

$$单位时间处理订单数 = \frac{订单数量}{每日拣货时数 \times 工作天数}$$

$$单位时间拣取品种数 = \frac{订单数量 \times 每张订单平均商品品种数}{每日拣货时数 \times 工作天数}$$

指标分析：这两个指标反映单位时间处理订单数和拣取商品品种数的能力，其数值越高，说明拣货系统处理订单的能力越强，作业速度越快。

4. 拣货成本指标

$$每张订单投入拣货成本 = \frac{拣货投入成本}{拣货份数}$$

$$每笔货物投入拣货成本 = \frac{拣货投入成本}{订单上货物的总笔数}$$

指标分析：这两个指标反映处理一张订单和处理一笔货物消耗的拣货成本，

其数值越高，表明投入的拣货成本越多，因此要采取措施控制成本的上升。

5. 拣货质量指标

$$拣货错误率 = \frac{拣货作业错误笔数}{同期订单累积总笔数} \times 100\%$$

指标分析：该指标反映拣货的质量水平，该指标数值越高，说明拣货质量越差，要改善服务质量，按时按量交货。

（三）送货作业分析指标

送货作业是指配送中心最后的送达环节，送货作业分析指标主要包括人员负担、车辆负荷、车辆安排、时间效益、送货成本、送货质量等几类指标。

1. 人员负担指标

$$人均送货量 = 出货量/配送人数$$
$$人均送货距离 = 送货总距离/配送人数$$
$$人均送货质量 = 送货总质量/配送人数$$
$$人均送货车次 = 送货总车次/配送人数$$

指标分析：通过上述四个指标可充分了解送货作业人员的工作量，并根据实际情况及时调整送货作业人员数量；这四个指标也可以反映送货人员的作业贡献，从而对相关人员进行绩效考核。

2. 车辆负荷指标

$$每车周转量 = 送货总距离 \times 总吨数/送货车辆总数$$
$$每车配送距离 = 送货总距离/送货车辆总数$$

指标分析：这两个指标可以评估送货车辆的负荷大小，如果送货车辆负荷过大，就要增加车辆；如果送货车辆负荷过小，则说明配送业务量小，需要增加业务量。

3. 车辆安排指标

$$空驶率 = 回程空驶车次/总车次 \times 100\%$$
$$送货车辆开动率 = 送货总车次/(车辆数量 \times 工作天数) \times 100\%$$
$$送货平均速度 = 送货总距离/送货总时间$$

指标分析：空驶率较高，说明部分车辆回程空驶，对应的配送成本较高。送货车辆开动率反映车辆的利用率，该指标数值过高，说明车辆负荷较重，应增加车辆。送货平均速度反映送货的路线是否最佳。

4. 时间效益指标

$$送货时间比率 = 送货总时间/(送货人数 \times 工作天数 \times 每天工作时数) \times 100\%$$
$$单位时间送货量 = 出货量/送货总时间$$

指标分析：送货时间比率反映送货时间在整个配送作业中所占时间的比率，单位时间送货量用于分析单位时间对于送货量的贡献率。

5. 送货成本指标

$$送货成本比率 = 车辆送货成本/货物总费用 \times 100\%$$

每吨（车次或千米）送货成本＝车辆送货成本/总送货吨数（车次或距离）

指标分析：这两个指标用于分析送货成本，通过与绩效指标水平对比，从而采取一定的措施，降低成本，提高效益。

6．送货质量指标

送货延误率＝送货延误车次/送货总车次×100%

指标分析：送货延误率较高，会对企业的信誉造成严重影响，造成该指标数值较高的原因可能是车辆故障、道路不良等。

配送绩效评价
案例分析

学习评价

评价点	分值	个人自评（占30%）	小组评价（占30%）	教师评价（占40%）	得分	总分
对配送绩效评价指标的理解情况	30					
对配送绩效评价指标公式的应用情况	30					
对配送绩效评价实施步骤的掌握情况	10					
相关调查和分析的参与情况	10					
团队合作的情况	10					
学习中的态度和表现	10					

项目检测

一、单选题

1. 配送中心的绩效评价指标有很多,以下不属于订单处理作业分析指标的是（   ）。
   A. 平均每日订单数   B. 单位时间送货量
   C. 退货率   D. 用户意见率

2. 配送绩效评价指标体系中,可以用来衡量配送质量的指标是（   ）。
   A. 准时交货率   B. 订单满足率   C. 送货延误率   D. 客户满意度

3. 通过对配送作业各环节指标的控制来实现对配送各作业的有效管理是配送中心常用的方法,这些指标主要包括订单处理作业分析指标、拣货作业分析指标和（   ）。
   A. 时间效益指标   B. 配送成本指标
   C. 送货作业分析指标   D. 退货作业分析指标

二、多选题

1. 配送中心绩效评价的要素有很多,以下属于经过营运后才产生的评价要素的有（   ）。
   A. 设备   B. 货物   C. 时间
   D. 成本   E. 质量

2. 配送中心的绩效评价指标有很多,以下属于拣货作业分析指标的有（   ）。
   A. 每人每时拣取品种数   B. 拣货错误率
   C. 单位时间处理订单数   D. 平均客单数

3. 配送中心的绩效评价指标有很多,以下属于送货作业分析指标的有（   ）。
   A. 每车周转量   B. 空驶率   C. 送货延误率   D. 单位时间送货量

4. 排序题:配送绩效评价的实施步骤主要有七个,按先后顺序分别是（   ）。
   A. 进行评价计分   B. 收集并整理基础资料和数据
   C. 撰写评价报告   D. 确定评价指标体系
   E. 确定评价工作实施机构   F. 制订评价工作方案
   G. 形成评价结论

三、判断题

1. 每张订单投入拣货成本和每笔货物投入拣货成本这两个指标反映的是处理一张订单和处理一笔货物消耗的拣货成本。（   ）

2. 对拣货作业进行分析评价的目的是找出作业中存在的问题,进一步改进系统,提高工作效率。（   ）

3. 退货率和折扣率较高，表明货物包装设计有问题，不能吸引客户，致使客户不满，造成退货和打折。（　　）

4. 平均每日订单数、平均客单数指标数值不高，表明配送中心的业务量不多，需要开拓业务，谋求较大的效益。（　　）

参考文献

1. 黄艺璇,祁媛. 仓储与配送管理实务[M]. 上海:上海交通大学出版社,2021.
2. 刘雅丽,解翠杰. 仓储与配送管理[M]. 北京:高等教育出版社,2021.
3. 刘常宝. 现代仓储与配送管理:基于仓配一体化[M]. 北京:机械工业出版社,2020.
4. 史金虎. 配送管理实务[M]. 南京:南京大学出版社,2018.
5. 薛威. 仓储作业管理[M]. 3版. 北京:高等教育出版社,2018.
6. 朱亚琪,李蕾. 仓储管理实务[M]. 东营:中国石油大学出版社,2016.
7. 闫继军,张玉成. 仓储与配送管理实务[M]. 北京:航空工业出版社,2014.
8. 房翠,陶世怀. 仓储与配送实务[M]. 南京:江苏教育出版社,2013.

附录

各项目检测参考答案

项目一

一、单选题
1. D 2. B 3. C 4. C 5. A 6. A

二、多选题
ACD

三、判断题
1. √ 2. √ 3. × 4. √ 5. √ 6. √ 7. × 8. √ 9. √ 10. √

项目二

一、单选题
1. B 2. B 3. D 4. A 5. B 6. D 7. E 8. A

二、多选题
1. ABCD 2. ABCDE 3. AC 4. ABCDEF 5. ABCD 6. ABD

三、判断题
1. × 2. √ 3. × 4. √

项目三

一、单选题
1. B 2. C 3. B 4. B 5. D 6. B 7. C

二、多选题

1. ABCD 2. ABCD 3. ABCD 4. ACD 5. AC 6. ABCD

三、判断题

1. × 2. √ 3. √ 4. × 5. × 6. × 7. √ 8. √ 9. ×

项目四

一、单选题

1. D 2. A 3. A 4. C 5. B 6. D 7. B 8. C 9. C 10. B 11. A 12. A 13. C

二、多选题

1. ABDE 2. ABCDE 3. ABCDE 4. AB 5. BCDE 6. CD 7. ABCD 8. BCD 9. ABD

三、判断题

1. √ 2. √ 3. √ 4. √ 5. √

项目五

一、单选题

1. D 2. D 3. A 4. D 5. B 6. C 7. A 8. D 9. D 10. A

二、多选题

1. ABCD 2. ACD 3. AC 4. ABCD 5. BCD 6. ABCD 7. BCD 8. ABCD 9. ABD

三、判断题

1. √ 2. √ 3. × 4. √ 5. × 6. √ 7. × 8. × 9. × 10. ×

项目六

一、单选题

1. B 2. C 3. B 4. C 5. B 6. B

二、多选题

1. AB 2. ABCD 3. ABC 4. ABC

三、判断题

1. × 2. √ 3. √ 4. √ 5. × 6. √

附录 各项目检测参考答案

项目七

一、单选题
1．D 2．C 3．D 4．D 5．A 6．D 7．C 8．A 9．B 10．D

二、多选题
1．ACD 2．ABCD 3．BCD 4．ABC 5．AC

三、判断题
1．√ 2．√ 3．√ 4．× 5．×

项目八

一、单选题
1．B 2．C 3．C

二、多选题
1．CDE 2．ABC 3．ABCD 4．EDFBAGC

三、判断题
1．√ 2．√ 3．× 4．√